도산회사 살리기

도산회사 살리기

초판 1쇄 발행 2018년 10월 1일

지 은 이 박원영
발 행 인 권선복
기록정리 한영미
디 자 인 김민영
전 자 책 서보미
발 행 처 도서출판 행복에너지
출판등록 제315-2011-000035호
주   소 (07679) 서울특별시 강서구 화곡로 232
전   화 0505-613-6133
팩   스 0303-0799-1560
홈페이지 www.happybook.or.kr
이 메 일 ksbdata@daum.net

값 15,000원
ISBN 979-11-5602-653-2   (13320)

도서출판 행복에너지는 독자 여러분의 아이디어와 원고 투고를 기다립니다. 책으로 만들기를 원하는 콘텐츠가 있으신 분은 이메일이나 홈페이지를 통해 간단한 기획서와 기획의도, 연락처 등을 보내주십시오. 행복에너지의 문은 언제나 활짝 열려 있습니다.

도산회사를 살려내는 120일간의 생생한 기록

도산회사 살리기

박원영 지음

도서
출판 행복에너지

목차

제6장 — 부도예방과 CEO의 책무 —286

원고의 첫 장을 열어 읽어 내려가는 순간 가슴이 떨리기 시작하였다. 20년 전 그때의 상황을 이렇게 생생하게 간직하여 전하다니…. 원고를 잠시 접고 당시의 상황을 회상하니 감회가 깊게 가슴에 돌아왔다. 기존에 운영 중이던 사출회사와 시너지효과가 있다고 판단되어 도산회사를 인수는 했으나. 상품이 다르고 시장도 다를 뿐만 아니라 기술인력과 우수 인재가 퇴사하고 없으니 회사의 정상화가 곤란한 지경에 빠지게 되었는데 급한 대로 대학교수의 컨설팅을 받기로 하고 맡겨 보니 전반적인 경영시스템이 작동하지 못하는 상황에서 1주일에 한 번씩 생산부문만 지도해 봐야 진전이 없었다. 그 후 경영 전반의 빠른 정상화를 고민하고 있던 차에 중요거래처 임원의 천거로 이 원고의 저자를 만나게 되었으며 대기업과 중소기업에서 두루 경영체험을 많이 하였을 뿐만 아니라 자영업도 성공적으로 경영하면서 경영지도사로서 중소기업 컨설팅도 다수 수행하신 터라 경영을 맡기게 되었다. 경영을 맡은 후 3개월 만에 경영이 정상화 되기 시작하더니 120일 만에 완성되는 기쁨을 맞게 되었다. 이 원고가 세상에 다시 태어나 나와 같은 어려움에 처해 있던 사장님이나 경영이 위험한 상태에 진입해 있는 사장님들에게 재기의 등불이 되었으면 한다. 또한 이 원고 속에는 직원들이 어떻게 계획(목표)를 수립하고 과제나 문제를 해결해 나가야 하는지 그 방법이 자세하게 단계적으로 기술되어 있어 임직원들에게도 경영관리의 교과서로서 손색이 없어 일독(一讀)을 적극 추천한다. 감사드린다.

2018. 07. 동아전기공업㈜ 회장 김광수

선배께서 출판하신다는 소식을 듣고 제목과 내용이 궁금하여 카톡을 보냈더니 제가 천거해 드린 부산의 그 부도회사를 재기시킨 경험을 책으로 엮었다 하셨습니다. 순간 아니! 20년 전의 일인데 어떻게 지금까지 그 체험을 기억할 수 있을까? 하면서 의아심을 품었으나 아! 그 선배면 경영관리에 관한 한 오랜 경험과 관록이 있고 착실하고 빈틈 없이 탁월하시니까 가능한 일이라고 생각하게 되었습니다. 그래서 그 귀중한 경험을 우리회사가 먼저 공유하고 또한 여러 사람과 나누고 싶어 이 글을 쓰게 되었습니다. 현재도 미래도 불투명한 경영환경 속에서 위기를 겪었거나 난관에 봉착해 있는 경영자분들이나 임직원들에게 한줄기 빛이 될 수 있고 또한 하나의 교과서로서도 손색이 없다고 생각되어 일독을 권하는 바입니다.

2018. 08. 한국소재부품협의회 회장 / 희성소재㈜ 대표이사 박사옥

이 책은 당시 IMF사태로 부도난 부산 소재 D사의 재건비화를 당시의 체험에 기반을 두고 약간의 보완·수정을 거쳐 집필한 것이며, 당시의 오너이신 K회장과 동료 임직원들의 전폭적인 이해와 협력에 깊이 감사하고 또한 동일한 어려움을 겪고 있는 중소기업에게 작은 도움이 되었으면 하는 마음으로 이 책을 바칩니다.

이 원고는 오래 전에 조금씩 준비해 오다가 80세가 다 되어서야 마무리를 하게 되어 너무 게으름을 피웠구나. 반성하면서, 또한 밤 늦게까지 두 손가락으로 토닥토닥 자판 두드리며 앉아 있는 모습이 안타까웠는지 집사람이 그만두고 편하게 살라고 잔소리를 하는 바람에 한동안 또 쉬다가 지금까지의 노력도 아깝고 내 스스로 포기 못 하게 대외적으로 책 쓴다고 허풍을 떤 터라 침침한 눈을 비벼가며 끝까지 완성하는 보람을 갖게 되었습니다.

그래도 잘 참아준 가족에게 감사하고 또한 동료들의 감시(?)에 힘입어 허풍이 아님을 증명하게 되어 신뢰를 지키게 해준 동료 여러분께 감사를 드립니다.

사실 아래 작성한 내용들은 본인이 도산한 기업을 정상화하기 위해 노력한 과정을 체계적으로 지도하며 임직원들과 공유한 작품이므로 유례없는 내용이며 복잡하고 지루할 수 있습니다.

다시 말하면 직원들이 각각 맡은 바 직무에 너무 기초지식이 부족하고 체계적이지 못하여 일일이 경영관리체계를 비롯하여 직무의 정의, 추진 방법과 절차, 그리고 목표수립과 과제의 해결방법 등을 교과서처럼 지도하고 실습한 당시의 경험담을 작성한 것이므로 그때를 기준으로 생각하시고 참고해 주시기 바랍니다!

다시 말하면 우선 인력을 보강하여 조직의 안정을 도모하고 긴급 과제를 발굴, 해결하면서 Biz-System을 복구하는 데 중점을 두었습니다.

당장 인재를 비롯하여 경영자원이 열악한 상태에서 생산 따로 영업 따로 개선, 복구한 후 연결하려면 시간낭비도 많고 서로 밀접하게 연관된 업무를 공유할 수 없어 2중, 3중으로 노력이 필요할 뿐만 아니라 기회손실도 커지게 됩니다.

따라서 아무리 소규모 회사라도 이렇게 경영체계를 잡아 그 과정을 임직원들과 학습하면서 공유경영을 해 나가면 서로 신뢰도 쌓이고 유능한 인재도 키울 수 있어 1석3조의 효과를 창출할 수 있습니다. 이제 그 과정을 소개하겠습니다.

감사합니다.

제1장
뜻밖의 인연과 만남

사람들이 직장에 나와 일하는 네 가지 이유

1. 생계를 해결하고,

2. 직장이라는 공동체 속에서 사랑받고 싶어 하며,

3. 배우고 성장하기를 원하고,

4. 가치 있는 일을 해서 업적을 남기고 싶어 한다.

당신이 효과적인 지도자가 되고 싶다면 이 네 가지 이유에 집중해야 한다.

- 더글러스 코넌트, 캠벨 전 CEO -

즉 사람들은 의미 있고 가치 있는 일을 하고 싶어 합니다.

매일매일 성장하기를 바랍니다.

스스로 결정하고 참여하기를 좋아합니다.

사람들은 존중과 배려, 인정과 칭찬에 목말라합니다.

좋은 동료들과 함께하고자 합니다.

높은 급여가 아니더라도 직원의 행복과 몰입, 충분히 가능합니다.

1. 교수의 면접과 참 어이없는 질문

당시 저자는 한 중견 택배회사의 경영혁신을 마무리하고 다음 과제를 준비하던 중, 전에 함께 근무하던 H그룹의 후배 사장으로부터 부도 후 재건에 어려움을 겪고 있는 D사를 맡아 경영을 정상화시켜 보라는 권고를 받고 면접을 보게 되었다.

약속 일자에 L호텔 로비에 나가니 회장 되는 분과 모 대학교수 한 분이 배석하여 자격심사(?)를 하면서 대학교수께서 대뜸 "경영원서(영어)를 읽어본 적이 있느냐?" 질문하기에 좀 황당한 생각이 들어 내가 반문했다.

"기업경영을 원서 읽어가면서 해야 합니까?"

그랬더니 옆에 계시던 회장께서 "교수님, 한 방 먹었구먼!" 하면서 내 이력서를 읽어보고는 "이만하면 충분하겠습니다." 하며 한바탕 웃음으로 내 손을 들어주었다.

그러나 내 입장에서는 새로운 도전에 대한 두려움과 한편으로는 흥미를 느끼는 부분도 있거니와 경영혁신이나 회생의 성패는 오너의 성격과 경영철학에 따라 크게 달라질 수 있기 때문에, 다시 말하면 경영을 정상화하려면 상당한 권한과 기간을 주면서 믿고 맡기고 인내할 줄 알아야 하기 때문에, 우선 오너가 어떤 분이며 현재 운영 중인 기존회사는 무엇을 만드는 회사인지 판단에 필요한 기본적인 자료를 요청하고 일단 집으로 돌아왔다.

2. 껍데기만 남은 이 회사를 인수한
새 오너는 누구인가

　며칠 후 저자에게 도착한 봉투는 회사자료가 아니고 오너의 거칠고 험난했던 젊은 시절의 인생역정이 담긴 장문의 편지였다. 즉 고교시절 여학생들을 상대로 한 이런저런 장난과 파행사례와 더불어, 서울역 앞에서의 군밤장수 시절의 말 못 할 애환과 맛있는 군밤 굽기의 노하우를 비롯하여 어느 스님에게서 눈치와 어깨 너머로 배운 역술을 감히 직업으로 택하여 유명 연예인까지 고객으로 유치했던 기지와 용기 그리고 형님의 목재상에서 영업책임자로서 재치와 열정으로 단기간에 많은 거래처를 확보한 이력 등등.

　장문의 편지는 내 예상에서 멀리 빗나간 내용이라 큰 흥분을 감추지 못했다. 어쩌면 회장의 그런 체험들이 오히려 앞으로의 내 인생과 경영활동에 도움이 될 것이고, 이해심과 인내심이 풍부한 분이라 생각하여 회사를 맡기로 결심하게 되었다.

　사실 갈 길이 바쁜데 일을 맡겨놓고 감 놔라 대추 놔라 일일이 경영관리를 간섭하면 눈치 보기 시작하고 반감이 생겨 의욕도 시들면서 속도조절을 하게 되어 소기의 성과를 달성하기 어렵게 된다.

3. 부산행 그리고 우울한 공장모습

부산공장에서의 약속 일자가 다가오면서 만감이 교차되기 시작하였다.

그간 대기업 임원을 거쳐 몇몇 중소기업의 전문CEO로서 30년 가까이 봉직하면서 쌓아온 경험과 지식이지만 과연 도산했던 회사를 살려낼 수 있을까?

현재 남아 있는 공장과 기계, 설비 등은 어떤 상태일까?

특히 핵심인력들은 남아 있을까?

거래처의 부도로 본사도 연쇄부도가 났다던데 거래처에 대한 채권은 어떻게 되어 있으며 임직원과 각 공급처에 대한 채무는 어떻게 되어 있을까?

시장의 규모와 성장, 그리고 경쟁강도는 어느 정도일까?

제품의 라이프 사이클은 성장? 성숙? 어디쯤일까? 등등.

중소기업이지만 있을 것은 다 있어야 하고 참 복잡하고 할 일도 굉장히 다양하고 많이 있겠구나 생각하면서 어디서부터 시작해서 어떤 방법으로 어디까지 가야 할까?

이런저런 생각 중에 깜박 졸다가 안내방송에 놀라 부산에 도착하니, K회장이 공항까지 나와 영접해 주었다.

물론 이번 회사 말고 그전에 H금속(주)로부터 (주)B카드 및 H통운(주)에 이르기까지 위기에 처한 3~4개 회사를 정상화시킨 경험과 노하우가 있어 큰 걱정은 아니지만, 이 회사들은 경영관리의 기본요소가 보존되어 있었기 때문에 병든 요소를 제거하고 장기비전과 중단기사업계획을 함께 공유하면서 경영관리 시스템을 정립하고 조직을 추슬러 목표에 집중하니 빠른 정상화가 가능하였던 것이다.

공장으로 진입하는 길은 겨우 트럭 한 대가 지나갈 수 있는 좁은 골목으로 양쪽에는 다세대 주택들이 마치 사열이나 하듯 빽빽하게 들어서 있어 공장의 위치나 환경이 별로 좋은 느낌은 아니었다. 그러나 공장 터는 의외로 넓었고 공장건물은 오래된 것이라 좀 낡아 보이긴 해도 질서 있게 배치되어 있었다.

마침 점심시간이라 식당으로 안내되었는데 직원들의 식당은 크고 비교적 깨끗하여 교육장소로서도 손색이 없고 메뉴도 좋아 보였다.

4. 경영위임의 전제조건과 약속

우선 과업을 착수하기 전에 K회장과 경영위임에 관한 몇 가지 약속과 다짐이 필요하였다.

중병의 환자를 소생시키기 위해서는 우선 환자의 현 상태를 면밀하게 진단하고, 분석해야 제대로 된 처방을 할 수 있는 것처럼, 기업도 기초조사와 진단 및 분석, 평가를 해야 올바른 목표와 전략과제 및 그 대응책을 수립할 수 있고 그것을 실행해야 성과를 낼 수 있다. 그렇게 추진하기 위해서는 다음과 같은 전제조건이 필요하다.

첫째, 사후 성과와 책임을 명확히 할 수 있도록 가능한 한 인수 (평가) 당시 입수한 과거의 경영자료 즉 조직과 인사 및 노동조합과 마케팅 자료, 그리고 R&D 자료와 생산, 자재 및 품질자료 및 현재의 부동산과 동산 등 자산과 부채상황을 비롯하여 손익자료를 빠짐없이 제시해 주어야 한다.

둘째, 상기 자료를 진단 및 분석하고, 평가하여 긴급성과 중요도에 따라 전략목표와 과제 및 그 대응책을 수립하고 임직원과 함께 공유하면서 준비하고 추진하자면 최소한 3~4개월의 시간이 필요하다.

셋째, 이상과 같은 과업을 실행하려면 무엇보다도 회장의 절대적 지지와 권한위임이 필요하고 또한 경영활동에 필요한 투자 및 운영자금의 조달에 있어 정책자금 등 기본정보와 융통 활동을 담당하되 회장의 책임하에 확보하여 운영한다.

넷째, 앞으로 전사 경영관리 활동의 계획과 결과는 임원·팀별로 공개, 공유하는 투명경영과 자율경영을 원칙으로 운영한다. 경영을 투명하게 공개하고 자율경영을 표방하는 것은 위험하다고 생각할 수 있으나 소통경영과 함께 위기탈출의 3대 요소이며 임직원의 단합과 신뢰경영의 핵심이다.

다섯째, 현재 진행 중인 생산관련 컨설팅은 숲도 보고 나무도 보아 전체 비즈니스 사이클 안에서 조절하고 진행되어야 하므로 조기 마무리한다.

여섯째, 나의 급료는 내부규정에 따르되 성공과 실패의 책임 등 보상기준은 별도의 계약으로 한다.

이상의 약속을 명확하게 하기 위하여 내 복안을 다음과 같이 제시하였다.

첫째, 업무개시 1개월 내에 조사와 진단을 통하여 단기 핵심목표와 과제 및 그 대응책의 기본 방향을 제시하고 우선순위로 추진한다.

둘째, 이상의 활동은 임직원과 대리점 및 협력업체를 망라하여 면담·조사하고, 그 결과와 회사 기본 자료의 분석을 통하여 실시되며 전 과정을 회장은 물론 임직원과 협의·공유하면서 작성한다.

셋째, 그 다음 2개월은 장단기 전략목표와 과제가 도출되면 우선 기본적인 경영관리 체계를 정립하고 이것을 기반으로 각 팀별로 4/4분기와 내년도 사업계획을 수립하여 회장과 조율한 후 실시하고, 그 결과를 수시로 그리고 매월 정기 보고한다.

넷째, 그 다음 1개월은 회장의 인생 및 경영체험을 기반으로 기업의 백년대계를 위한 경영철학(경영이념)과 사훈 및 행동강령 등을 정립한 후 회사의 장기비전과 경영전략(안)을 수립하여 사전·사후 회장과 조율한다.

다섯째, 이상과 같이 120일 내 정상화를 약속하는바 성공 여부의 판단과 책임은 업무개시 이후 진행과정을 통하여 1차로 그 가능성을 확인하며. 3개월 단위로 성과를 평가하되 경영 활성화 책임기간을 2년으로 한다.

이상으로 나의 계획을 회장에게 제시하고 일단 서울로 다시 돌아왔다.

제2장 1차

30일간의 열정

나를 불편하게 만드는 것은 무엇인가?

나는 편안함이 위험한 감정이라고 믿고 있다. 불편함에 익숙해져야 한다. 불편

함은 꿈을 이루며 살아가기 위해 치러야 할 작은 비용이다.

익숙해져 편안하다는 것은 위험해졌다는 신호이다.

꿈을 갖는다는 것은 그에 비례하는 어려움과 불편함을 갖는다는 것이다.

성공적인 삶을 위해서는 익숙함을 두려워하고, 편안해짐을 늘 경계하는 대신

항상 불편함을 추구할 줄 알아야 한다.

- 피터 맥윌리엄스

제1절
친교와 사내 현황파악의 시간

1. 우리의 만남은 우연이 아니다

회장의 결단은 오래 걸리지 않았고 하루라도 빨리 내려오라는 기별이 왔다. 우선 급한 대로 몇 가지의 의복을 챙겨 다시 부산으로 내려가 임시거처를 정한 후 그해 9월 중순의 어느 날 아침 8시에 회사에 출근하게 되었다.

아침 8시부터 대부분의 임직원들이 식당에 모여 VTR 청취와 더불어 인성교육을 받고 있는 터라 의아했는데, 그것은 회장이 오랜 기간 남을 돕는 행사의 일환으로 실시해 온 조찬교육이라고 했다.

그는 주로 매스컴에서 방송되는 음악이나 교양 또는 인성프로를 녹화하여 식당(강당 겸용)에서 상영하는 한편 무료로 주변의 여러 사람들에게 나누어 주었는데, 나름대로 부도의 여파로 메말라 가던 회사와 그 가족 및 이웃에게 웃음과 복음을 전파하고 새로운 정보와 지식을 나누고 삶의 용기를 주려는 순수한 꿈과 의지의 표현으로서 佛家의 눈과 귀의 보시가 떠올라 나도 감명을 받았다.

VTR 교육이 끝난 후 임직원들과의 첫 만남 즉 조회를 개최하게 되었는데, 나는 다음과 같은 인사말로 조회를 끝내면서 새로운 혁신의 고뇌와 역경을 돌파하기로 결심했다.

여러분 반갑습니다. 오늘 새로 부임한 대표이사 박원영이라고
합니다.

우리의 만남은 우연히 아니라 어쩌면 필연인 것 같습니다. 왜냐
하면 어느 날 갑자기 서울에서 뚝 떨어져 나와 생면부지의 여러분
앞에 서게 하여 이 회사를 재건할 책임을 맡게 되었으니 말입니다.

40년이 넘는 역사와 전통에 빛나는 이 회사가 IMF사태로 부도를
맞아 그 충격과 실의에도 불구하고 오랫동안 불안과 고통을 감내하
신 여러분의 용기와 인내에 경의를 표하며, 오늘 이 자리에 다시 모
여 교육을 받는 모습을 보니 저도 용기가 솟아납니다. 이제부터 여
러분과 함께 새롭고 견고한 희망과 꿈을 만들고 열심히 가꾸어 또다
시 이번과 같은 불행한 사태가 발생하지 않도록 제가 앞장서서 견인
하겠습니다.

물론 일을 하다 보면 의견이 상충되거나 고통과 시련도 따르고
실패도 있기 마련입니다. 그러나 고진감래라 하였습니다. 즉 "No
pain, no gain"입니다. 고통과 인내 그리고 열정 없이 어떻게 성공할
수 있겠습니까? 역경이야말로 최대의 기회이며 40여 년간 누적되어
온 병폐를 일소할 수 있는 절호의 기회가 아니겠습니까?

이제 저는 이곳을 마지막 직장으로 생각하고 30년간의 대기업,
중소기업의 경영체험과 지식을 바탕으로 사력을 다하여 맡은 바 소
임을 다할 것입니다.

따라서 저의 희망과 목표는,

첫째 여러분과 함께 새로운 회사비전과 장·단기 경영계획을 수립

하고 목표관리를 통하여 경영과정과 성과를 투명하게 공유하면서 공정한 인사관리를 통한 성과배분은 물론 보다 나은 복리증진을 약속합니다.

둘째, 체계적인 교육훈련을 통한 여러분의 직무능력 향상에도 적극 매진할 것이며 이번 기회에 똘똘 뭉쳐 전보다 월등하게 혁신된 좋은 회사를 만들어 갈 것입니다.

조기 정상화의 길은 여러분의 팀워크와 나의 리더십의 결합으로 이루어지며 그것은 목표에 대한 흔들림 없는 열정과 목표를 향해 멈추지 않는 인내와 추진력만이 열쇠가 될 것입니다.

이제부터 120일 내에 이 회사를 정상화시키려 하오니 만반의 준비를 하여 주시고 협력해 주시면 감사하겠습니다.

여기서 잠시 현대 정주영 회장의 경영철학을 다 같이 음미해 보도록 하겠습니다.

01. 운이 없다고 생각하니까 운이 나빠지는 거야.

02. 길을 모르면 길을 찾고, 길이 없으면 길을 닦아야지.

03. 무슨 일이든 확신 90%와 자신감 10%로 밀고 나가는 거야.

04. 사업은 망해도 괜찮아, 신용을 잃으면 그걸로 끝이야.

05. 나는 젊었을 때부터 새벽에 일어났어. 더 많이 일하려고.

06. 나는 그저 부유한 노동자에 불과해.

07. 위대한 사회는 평등한 사회야, 노동자를 무시하면 안 돼.

08. 고정관념이 멍청이를 만드는 거야.

09. 성패는 일하는 사람의 자세에 달린 거야.

10. 누구라도 신념에 노력을 더하면 뭐든지 해낼 수 있는 거야.

도산회사 살리기

11. 자기 이름을 걸고 일하면 책임전가를 못 하지.

12. 잘 먹고 잘살려고 태어난 게 아니야, 좋은 일을 해야지.

13. 더 바쁠수록 더 일할수록 더 힘이 나는 것은 신이 내린 축복인가 봐.

14. 열심히 아끼고 모으면 큰 부자는 몰라도 작은 부자는 될 수 있어.

15. 불가능하다고? 해보기나 했어?

16. 시련은 있어도 실패는 없다(시련이지 실패는 아니야).

☎ 여러분! 어떻습니까?

이상 16개 항목이 허허벌판 무에서 유를 창조 즉 현대를 창조했습니다. 한 문장 한 문장이 참 평범해 보이지만 단순하면서 정곡을 찌르는 삶의 행동철학이 배어 있지요? 이것들이 우리들의 성공열쇠이기도 합니다. 행복의 비밀은 자신이 좋아하는 일을 하는 것이 아니라 자신이 하는 일을 좋아하는 것이라고 합니다.

"다 함께 파이팅!" 감사합니다.

2. 도산한 이유가 대체 뭘까

상황을 들어보니, 40년의 전통을 간직한 국내 2~3위의 전기제품 회사였지만 97년 IMF의 여파로 도산되어 대부분의 임직원이 떠나고 공장건물과 대지는 성업공사에 넘겨진 상태였고, 잔존 기계설비와 인원만으로 생계를 위해 고객의 주문에 따라 생산과 판매를 조금씩 추진해 나가는 형편이었다.

문제는 잔존 임직원 간의 내부갈등과 새 소유주에 대한 불안을 비롯하여 직원 및 협력업체에 대한 채무변제 계획에 대한 의구심으로 불만이 겹쳐 경영이 매우 불안정한 상태였다. 따라서 몇 가지 우리나라 도산사례를 아래와 같이 정리하면서 회생대책을 생각해 보았다.

무릇 대·중소기업을 막론하고 과거 우리나라 기업의 도산원인은 몇 가지의 공통요소가 있다.

1) 무리한 사업 확장과 과다차입
2) 경영자의 독단과 방만 경영 그리고 공사 구분 없이 사유화 욕심
3) 무능력 즉 외부 환경변화에 대한 적절한 대응부족과 失期
4) 매출부진과 회수부진에 따른 연쇄부도
5) 경영자 부정과 가정문제 및 정치참여 등으로 분류할 수 있다.

이상으로 보아 이 회사의 도산원인은 직접적으로는 IMF로 인한 대리점 부도와 그 연쇄부도라고 할 수 있지만 과거 경영내용을 검토해 본 결과,

첫째, 환경변화에 적응할 능력을 상실하고 40년의 오랜 관행과 매너리즘에 빠져 방만한 경영을 해온 점

둘째, 오너 회장의 정치 참여로 인한 경영공백과 후계자인 어린 CEO의 리더십이 문제였고

셋째, 나이 많은 창업공신들의 두꺼운 장벽으로 인한 의사소통 부재와 상호견제 등으로 경영시스템과 프로세스가 제대로 작동하지 못한 점

넷째, 소신 없는 의사결정과 지연으로 기술 및 제품개발 기간이 경쟁기업의 3~4배(12~15개월)나 소요되면서 필요상품은 물론 구색도 모자라 영업활동에 애로가 많았다는 점 등이다.

이상의 도산이유를 확인하였으니 이를 모두 개선하여 원인을 없애면 정상화될 수 있다는 뜻이 아니겠는가? 이제 열쇠를 찾았으니 우선 간단하게 항목별로 답을 살펴보도록 하자.

첫째, 환경변화에 적응할 능력을 상실하고 40년의 오랜 관행과 매너리즘에 빠져 방만한 경영을 해왔다는 것은 도산할 수밖에 없는 가장 큰 원인으로서 다시는 이런 상황에 빠지지 않도록 장기비전을 수립, 공유하고 비즈니스 시스템을 새로 구축하여 소통경영을 주기적으로 실시하면서 혁신해 나아갈 것이다.

둘째, 오너 회장의 정치참여로 인한 경영공백과 후계자인 어린 CEO의 리더십 문제는 중소기업의 경우 흔히 있는 일로서 사람이 富로 성공하면 그 다음은 권력의 유혹을 뿌리칠 수 없게 마련이다.

물론 사업상 유리하여 진출하는 경우도 있지만 이때는 미리 후계자를 양성하여 공백이 없도록 한 후 진출함이 타당할 것이다.

셋째, 나이 많은 (창업)공신들의 두꺼운 장벽으로 인한 의사소통 부재와 상호견제 등으로 경영시스템과 프로세스가 제대로 작동하지 못한 것은 일단 모두 다시 평가하여 청산하고, 앞으로는 조직적인 인재육성과 목표관리를 통한 공정한 평가시스템을 정립하고 조직을 팀제로 운영하여 소통의 창구로 활용할 것이다.

넷째, 소신 없는 의사결정과 지연으로 기술 및 제품개발 기간이 경쟁기업의 3~4배(12~15개월)나 소요된다는 것은 도산의 치명적인 요인이므로, 앞으로는 적어도 경쟁기업에 앞서는 장기적인 기술 및 제품개발 로드맵을 작성하여 시장수요와 Life Cycle에 맞추어 개발해 나갈 것이며 또한 개발공정을 내외부의 지원을 받아 3~4개월 이내로 혁신할 것이다.

사실 도산한 회사를 혁신하려면 장기에 걸쳐 기술혁신 / 제품혁신 / 프로세스혁신 / 서비스혁신 등을 해야 하는데 당사는 우선 정상적인 경영활동이 급선무이므로,

첫째로 우선 조직과 정원을 확보하여 안정시키고 현재의 위기상황을 공유하면서

둘째로 각 기능별 긴급 과제를 선정, 부여하고 그 해결프로세스를 정립하면서 단계적으로 과제를 풀어 나가고

셋째로 영업 팀을 우선 교육하여 영업을 활성화하면 생산과 구매/조달이 동시에 활성화되며 여기에 발 맞추어 상품믹스를 보완하면 조기에 경영 정상화가 가능해질 수 있다고 확신했다.

3. 회생을 가능하게 할 잔존자산은 무엇이 있을까?

3-1. 잔존유형 자산의 확인

유형자산 중에 대지와 건물은 성업공사 소유이고 나머지는 장기 유휴부품과 원재료 재고로서 2/3는 폐기 대상이며, 그 밖에 사출기 7~8대와 생산용 컨베이어 3~4개 라인과 R&D용 컴퓨터 및 사무용 기기 그리고 중고차량 3대를 비롯하여 식당설비 등이 전부로서 가치 있는 자산은 별로 없었다.

3-2. 오래된 기업이니 무형자산이라도 있겠지

무형자산의 핵심은 유능한 인재이며 적어도 영업, 재무, 생산, 개발에는 1~2인 정도 핵심인재가 필요한데 잘 다듬어진 인재는 퇴사하고, 특히 R&D부서의 인재가 거의 퇴사하여 자체 개발능력을 상실하고 1~2년차 인력만 남아 있었다.

그래도 다행인 것은 무형자산으로서 몇 가지 특허와 실용신안이 있고, 오랜 기간 공지된 브랜드 파워를 비롯하여 서울과 부산에 각각 우수한 대리점 3~4개와 현대중공업이라는 고정 납품처가 있어 최소한의 기본적인 매출은 가능하다는 것이 위안이 되었다.

협력회사들을 직접 실사는 못 했지만 복잡한 제품이 아니라서 구매와 조달에 큰 문제는 없을 것으로 판단되나, 진정으로 기업에 가치를 창조해 주고 원가와 품질을 좌우하는 외부의 우수한 조달체인은 아무리 강조해도 모자람이 없는 곳이다.

다행히 40년 유지해 온 전통 있는 협력회사와 구매체인이 있을 것임을 믿고 구조조정을 통하여 선별하면 조기에 활성화될 것으로 생각하였다. 1차로 이렇게 검토해 보니 조직과 인력을 보강하고 R&D 부서만 재건하면 그런대로 운영될 수 있을 것으로 판단되었다.

4. 사내의 시급한 과제의 탐색활동

　우선적으로 시급한 과제는 회사 내부의 회장을 비롯하여 임직원들과 면담을 통하여 긴급과제를 확인·정리해 보는 것이고, 다음은 판매 대리점과 협력회사 대표를 만나 그들이 보는 문제점들이 무엇인지 파악하면서 내부 경영 자료들을 분석하여 우선순위에 따른 핵심적이고 긴급한 과제를 선정하여 긴급대책을 수립하고 실행하는 것이다.

　각각의 면담은 우선 간단한 체크리스트를 통하여 긴급사항만 다음과 같이 확인하였다.

　사실 개별면담은 처음으로 얼굴과 표정을 익히는 과정이고 대화를 통하여 서로의 속마음을 파악하는 기회이기도 하다. 따라서 나는 별도의 수첩을 준비하여 잔존인재의 능력검증의 기회로 삼기로 하고 다음과 같은 간단한 체크리스트를 만들어 급한 궁금증을 확인하였다.

　여기서 잠시 생각해 보자.

　"거울에 비친 당신의 모습을 한번 바라보십시오. 당신과 똑같은 얼굴, 똑같은 생각, 똑같은 행동을 할 수 있는 사람은 이 세상에 아무도 없습니다. 오직 당신뿐입니다. 당신은 이 세상에 바로 하나밖에 없는 유일무이한 보물입니다. 당당한 자신감으로, 가장 귀한 걸작품답게 용감하게 돌파해 나갑시다."

☎ 면담과 답변

1) 며칠간의 면식만으로 이런 중책을 위임하려는 회장님의 용기에 감사하며 경의를 표합니다. 이 용기의 원천이 궁금합니다.

답변 : 첫째 전에 다니셨던 직장의 간부가 소개하였고, 둘째 이력서상의 다양한 경력을 믿었고, 셋째 제가 관상을 좀 볼 줄 압니다. 하 하 하!

2) 이 회사를 인수하신 동기는?

답변 : 기존에 경영 중인 플라스틱 사출회사와 기술 및 원료의 시너지 효과를 기대하기 때문입니다.

3) 공장대지와 건물 등 유형 자산에 대한 대책은?

답변 : 성업공사 소유이나 2~3년은 유예기간이 있어 점유 및 사용 가능합니다. 빨리 정상화해서 소유권을 회복하고 싶습니다.

4) 부도채권의 현황과 자금사정은?

답변 : 대리점 등 받을 채권은 아직 처리방법을 모색 중이며 임직원 및 협력회사의 지불채권은 인수 시 합의에 따라 진행 중이며 운영자금은 문제가 없습니다.

5) 현재의 조직과 인원은?

답변 : 조직은 임시로 총무/영업/생산/자재/연구소로 운영 중이고 사실 핵심인력은 연구 인력과 함께 모두 퇴사하였습니다. 따로 현대중공업 팀이 별도의 조직으로 운영되고 있어 원대복귀 계획입니다.

6) 그 밖에 회사 전반에 대한 문제나 희망사항은?

답변: 조직과 인력이 부족하며 직무체계가 없어 당장의 업무에만 몰두하고 있고, 어디에서부터 손을 대야 할지 난감하여 우선 생산 부문만 대학교수의 컨설팅을 받고 있습니다. 빠른 기간에 체계적이고 지속 가능한 경영 정상화를 고대하고 있습니다.

4-2. 컨설턴트(교수)와의 면담

대학교수와의 면담은 사실 유쾌할 수가 없었다. 왜냐하면 컨설팅 수행과정에서 손을 떼라는 요구이니 마음 편할 리가 없지 않은가?

그래서 지도하러 오신 금요일 점심시간을 택하여 함께 음식을 나누며 상황설명을 하게 되었는데, 정보에 의하면 식사 중 반주로 소주 2병을 마실 정도로 애주가라는 말을 듣고 소주를 2병 주문하고 권해 드렸더니 마치 입가심 물 마시듯 맛있게 드시는 게 아닌가! 한 병쯤 다 마실 즈음에 탁 터놓고 나의 경영복안을 말씀 드렸더니 그럴 줄 알았다는 듯이 나머지 한 병을 다 드시고 약간 취한 듯 뒤처리를 잘 부탁한다 하시면서 내 의견을 받아주셨다.

뒷얘기지만 언제부터 이렇게 술을 즐기게 되었는지 물으니 고향은 함경도인데 할아버지께서 애주가여서 집에서 술을 빚어 식사 때마다 반주로 한잔하시면서 애지중지하는 손자인 자기에게 마시게 하였단다. 그것이 습관이 되어 이렇게 반주를 즐기게 되었다면서 기분 좋게 점심을 마칠 수 있었다.

사실 이분은 해외유학파로서 실제의 경영참여 경험은 없지만 많은 경영저서와 국내외 컨설팅 경험이 있었고 박사학위를 3개나 취득한 유능한 교수였다.

4-3. 직원과의 면담

직원의 개별면담은 시간이 많이 소요될 것이고 따라서 각 팀별로 전원이 모두 참석하는 미팅이 효과적이고 또한 효율적이라 생각되어 서로 얼굴을 익히고 터놓고 이야기하는 기회를 만들었다.

각 팀별 현황파악을 위한 체크리스트는 3~5개 항목으로 하여 요점만 파악하도록 하였다.

1] 관리(총무/인사)팀

☎ 요청 사항=각 기능별 현 조직도와 소속 인원표를 이번 주말까지 보고해 주세요.

1) 채용-배치-교육-실무-평가 등 인사관리시스템이 있나요?

= 그런 시스템은 없고 습관적으로 직무별로 진행합니다.

2) 노조의 현황은?

= 노조는 부도 후 해체되어 현재는 조직이 없습니다.

3) 조직과 인력 문제는?

= 대부분의 임원과 핵심관리자 및 연구소인력이 모두 퇴사하고 현재는 고참 관리자가 2~3분 계시나, 회사 死守 忠성파 와 出사파(현대중공업)와의 알력이 있어 조직이 불안정하고 또한 인원도 부족합니다.

4) 임금채권 문제는 어떻게 처리되고 있나요?

= 새 오너와 임금채권은 협의완료 되었으나 새 오너에 대한 믿음이 아직 탐색단계에 있어 의구심이 남아 있습니다.

5) 기타 긴급문제가 있다면?

= 매일 조기출근의 어려움(감동교육)이 있으며 아침식사 제공 요망합니다. 또한 재래식 화장실 및 식수, 쉼터 등 개선 요망합니다.

2] 재경팀

☎ 요청 사항=우선 부도채권/채무내역과 과거 재무제표가 있으면 이번 주까지 제출해 주세요.

1) 급료는 약속대로 지불되며 현금흐름은 양호한가요?

= 네, 약속대로 지불되며 새 오너의 신규투자로 정상화되고 있습니다.

2) 세무회계 시스템이 있나요? 그리고 재무제표 작성이 가능한가요?

= 체계적인 시스템은 없고 전표는 종전 방식대로 하고 있습니다만 재무제표 작성은 과장님 퇴사로 어렵습니다.

3) 외주/협력업체 채무는 정상 변제되고 있나요?

= 네, 계획대로 진행 중입니다.

4) 주거래은행이 있나요?

= 네, 00은행입니다.

3] 영업팀

☎ 요청 사항=현재의 제품 및 모델명과 가격표를 이번 주말까지 보고해 주시고 대리점별 부도채권도 정리해 함께 보고해 주세요.

1) 마케팅 전략이나 영업활동 표준모델이 있나요?

= 그런 전략이나 체계는 없습니다.

2) 당사제품의 국내시장 규모(연간)는 얼마나 되며 시장점유율은 몇%였지요?

= 약 3~4천억 원 정도 된다고 생각하며 5~6% 수준은 유지했습니다.

3) 상품경쟁력과 모델믹스는?

= 신제품개발이 너무 늦어 상품구색이 경쟁사 대비 많이 부족하고 모델도 구형뿐이라 단품 위주 영업이고 Sets로 하는 납품영업은 경쟁하기 어렵습니다.

4) 부도채권 처리현황은?

= 현재 부도채권의 회수는 직원도 모자라고 전문지식도 없어 진전이 없습니다.

5) 과거/현재 전국 직거래선 및 대리점 현황은?

= 현재 영업 중인 대리점은 부산 2곳과 서울 3곳이 있으나 과거에는 20개 대리점이 있었고 당사 영업소는 서울만 존치되고 나머지는 정리되고 없습니다.

= 직접거래처로는 장기 고정 거래선으로서 현대중공업이 있고 그 밖에 3~4개가 있었습니다.

6) 기타 건의사항

= 전국적 영업조직과 경험 있는 인원이 부족하고 전문성도 결여되어 직무교육과 유통망의 복구가 시급합니다.

= 또한 무엇보다도 신제품 개발과 진부화된 모델의 교체가 시급하지요.

4] 생산팀

☎ 요청 사항=현재 일일생산 가능한 제품별/모델별 수량을 사내생산과 외주로 구분, 보고해 주세요.

1) 현재 생산시스템은 어떻게 운영되고 있나요?

= 자재조달 가능한 범위 내에서 대리점의 주문에 따라 조금씩 생산 중이며 전체적인 생산시스템은 중지 상태입니다.

2) 외부로 독립해 나간 생산팀이 있다는데?

= 현대중공업에 고정 납품하는 부서가 있었는데 부도가 나면서 분리해나가 있으나 같은 회사이니 원대복귀 가능합니다.

3) 생산시설 현황과 생산직의 채용은 용이한가요?

= 구식이지만 3개 조립라인이 가동 가능하며 표준화된 소형제품은 외주생산도 가능합니다.

= 여기는 다세대 다가구 주택 밀집지역이라 채용은 용이한 편입니다.

4) 생산현장에 대한 교수님의 컨설팅을 받는다고 들었는데, 그 내용과 효과는?

= 주로 공정개선에 관한 과제인데, 1주일에 1회 과제를 주고 주말에 와서 지도하는 방법인데 현재 공장실정(위치/낮은 시설/생산규모 등)에 적용하기 어렵고 당장 긴급한 과제는 아니라고 생각됩니다.

5) 기타 애로사항은?

= 생산시설이 낡고 험해 수리·재정비가 필요하고 생산방법도 재검토가 필요하며 작업표준과 품질표준도 개선해야 합니다. 따라서 직원교육도 병행해야 하고요.

5] 자재팀

☎ 요청 사항 :

(1) 현재 보유중인 원자재/부품/재공품 리스트를 이번 월말 기준하여 전사 합심하여 조사·보고해 주세요. (양품/유휴/불량재고를 구분하여 작성요망)

(2) 현재/과거 협력업체 명부와 현황을 이번 주 내로 작성 보고해 주세요.

1) 협력 및 구매 업체의 현황은?

= 자재조달 및 구매처는 대부분 부산에 있고 일부 서울/경기 지역에 있으나 영세하고 그 수가 많아 선별 및 통합이 필요하다고 생각합니다.

2) 구매/조달 시스템은 어떻게 운영되고 있나요?

= 원재료나 부품으로 입고되면 중간조립을 위해 다시 외주 나가고 부품이 업체 간 지그재그로 유통되어 복잡하고 공정별 불량과 분실 등 책임소재가 불명하여 시간낭비가 많은 셈입니다.

3) 협력업체에 대한 채무변제 상황은?

= 인수 당시 약속대로 분할하여 지불되고 있습니다.

4) 창고와 입·출 관리 상태는?

= 크기는 충분한데 두서없이 쌓여 있고 대부분 장기 유휴재고이며 선입선출 등 관리가 어렵습니다.

5) 그 밖에 애로사항은?

= 협력업체 및 구매업체에서는 부도 여파로 아직도 불안하여 현금결제를 요구하고 있습니다.

6] 품질관리팀

☎ 요청 사항=현재 사용 중인 내외의 품질표준서 준비해 주세요.

1) 전사 품질보증 시스템이 있나요?

= 현재는 없습니다.

2) 당사 및 협력업체의 품질표준은 그대로 적용이 가능한가요?

= 오래 전에 작성되었고 계속 습관적으로 적용하고 있습니다.

= 협력업체의 품질표준은 경영정상화와 동시에 새로 작성해야 합니다.

3) 품질목표와 비용 관리 상태는?

= 지금은 소량 주문·생산되고 있어 라인검사만 실시하며 품질목표나 비용관리는 못 하고 있습니다.

4) 측정기기와 정도(精度) 관리 실태는?

= 기본은 갖추었으나 대부분 낡고 구형이라 수리, 보충이 필요합니다.

5) 기타 애로사항은?

= 본격적인 품질관리를 위해 전문요원의 양성이 필요하고 생산현장 및 외주업체의 표준개선 및 교육도 시급합니다.

7] 연구소팀

☎ 요청 사항=현재 보유중인 특허, 인증 등 지적재산권과 R&D 기기 명세를 일주일 내로 정리 보고 요망합니다.

1) 연구개발 체계나 시스템이 마련되어 있나요?

= 구체적인 내용은 남아 있지 않습니다.

2) 연구개발 인력현황은?

= 핵심요원이 모두 퇴사하여 자체 개발능력은 없고 현재 잔존직원에게 기초능력을 교육하고 있습니다. 단, 퇴사한 핵심직원들은 외부에서 별도의 회사를 설립하여 외주용역을 하므로 위탁개발이 가능합니다.

3) 경쟁사 및 시장요구 대비 기술 및 제품개발 Road Map이 있나요?

= 구두로만 논의되었지 구체적 R/M은 작성하지 못했습니다.

4) 제품개발에 대한 당사의 문제점이 있다면?

= 첫째 자체 개발능력(원천기술)이 없어 당장은 외주개발 해야 하고

= 둘째 제품개발에 대한 의사결정이 늦고(1~2개월), 설계와 금형을 내부에서 제작해 왔기 때문에 보통 2~3개월 정도 소요되며, 따라서 한 개 제품을 개발하려면 12~15개월이 소요됩니다(경쟁사는 3~4개월에 가능함).

5) 기타 애로사항은?

= 연구소로 등록돼 있어 기술담당 연구소장 영입과 개발요원 양성이 시급하고 연구개발 기자재의 보충도 필요합니다.

☎ 이상을 중점 정리해 보면 아래와 같습니다.

부서명	중점항목	時急순위
회장	경영관리체계 확립을 통한 경영 정상화	결과
총무/인사/재경	각 팀 인력 보충과 각각의 관리체계 복구 및 조직의 안정	1
영업	영업직 보충과 교육 및 유통조직 복구와 모델믹스	1
생산/품질	낙후된 생산시설 및 방법 개선과 품질관리시스템 복구	4
자재	장기유휴자재 처리 및 협력업체 조정과 발주 시스템 개선	3
연구소	연구인력 보강과 원천기술 확보 및 모델믹스 개발	2

☎ 제1차 조찬교육=기업의 회생전략 학습

=조사 확인 및 면담결과에 따른 정상화 방향 제시=

▶ 1차로 도산원인과 잔존자산을 확인하고 회장을 비롯하여 각 부서별 면담결과를 종합하여 앞으로 추진할 경영정상화 방향을 공유하기 위하여 조찬교육에서 다음과 같이 교육하였다.

▶ 기업의 회생전략은 다음과 같은 기본 경쟁력을 개선 내지 혁신하는 것인데, 우선은 기존인력을 기반으로 다음과 같이 추진하려 합니다.

★ 경쟁력=개발력×생산력×판매력×관리력×재무력으로 (곱하기)구성되므로

첫째, 우선순위로 추진해야 할 시급한 내부과제를 다 함께 발굴 정비하고,

둘째, 위의 과제들을 일사천리로 해결하기 위하여 각 직무별 유능한 인력을 충원한 후 조직정비와 함께 한마음 단합대회를 전개하겠습니다.

셋째, 우선 판매와 자재공급 정상화를 위해 전국의 시(市)급 도시대리점과 협력업체를 직접 순방하여 전사적 우선과제를 발굴할 것입니다.

넷째, 발굴·정리된 목표와 과제를 여러분과 함께 공유하고 체계적으로 추진하여 단기간(120일)에 경영정상화를 실현하겠습니다.

다섯째, 위의 경쟁력을 이해하기 쉽게 각 기능별로 다시 도식하니 여러분이 집중해야 할 항목들을 눈여겨보시기 바랍니다.

1. 개발력= T(원천기술)× D(설계기술)× T(시간경쟁력)으로 구성되며

☞ T는 응용기술/성력화(다기능)/성인화(자동화)/소인화(조립성) 기술을 포함하며

☞ D는 설계기술(CAD/CAM) & 상품화 기술이며

☞ T는 시간 즉 개발 lead Time으로서 시장진입 기간이며 독점이익이나 시장 진입장벽을 만드는 요소입니다.

2. 생산력= Q(품질)× C(비용)× D(납기)로 구성되며

☞ Q는 품질관리 능력이고 C는 제조원가 능력이며 D는 납기능력입니다.

3. 판매력= M(사람)× S(유통력)× P(판촉력)로 구성되며

☞ M은 Man power 즉 영업능력이며 S는 Store Coverage 즉 시장점유 능력이고 P는 Promotion 즉 판매촉진 능력입니다.

4. 관리력= P(계획)× D(실행)× SC(평가)× A(재기/반영)으로 구성되며

☞ P는 업무를 계획하고 D는 그 계획을 실천하는 것이며 C는 추진결과를 살펴보는 것이고 A는 살펴본 내용을 정리하고 다시 계획에 반영하는 과정입니다.

5. 자금력= C(신용)× A(담보력)× A(친화력)으로 구성되며

☞ C는 Credit 즉 기업이 축적한 현금자산이나 신용이고 A는 Assurance 즉 기업이 보유하고 있는 부동산이나 일부 동산이며 A는 Affinity 즉 인간관계를 말합니다.

▶ 이상에서 설명 드린 바와 같이 이제 여러분이 어디에 문제가 있고 어디에 중점을 두어 개선하고 혁신해야 할지 그 방향과 과제를 사전에 검토해 보시기 바랍니다.

도산회사 살리기

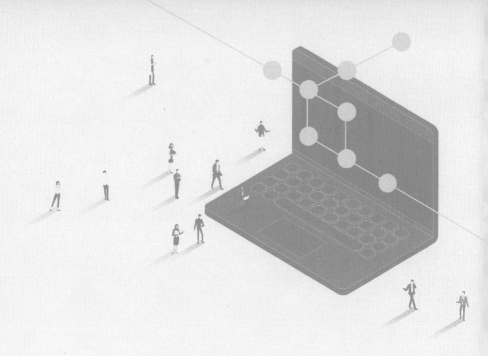

제2절

기업외부 현상파악과
조직의 안정화 작업

긍정은 긍정의 결과를 낳고
부정은 부정의 결과를 가져옵니다.

긍정도 부정도 모두 전염성이 강합니다.

　리더가 늘 긍정, 유쾌, 낙관, 도전, 희망과 같은 태도와 표정을 유지하면 그 대로 조직의 성과로 이어집니다.

임계점 넘어서기

물은 끓는점에서 단 1도가 부족해도 절대 끓지 않습니다. 물을 수증기로 바꿔놓 는 것은 바로 1도의 차이입니다. 세상의 모든 물질에는 이러한 임계점이 있고, 하나의 상태가 다른 상태로 변하기 위해서는 반드시 임계점을 넘어야 합니다.

　자신의 임계점을 향해 부지런히 달려가는 오늘, 여러분의 뿌리는 계속 단 단히 뻗어 나가고 있습니다. 그리고 어느 순간 임계점을 넘어설 때, 찬란한 결 실을 볼 것입니다.

1. CEO의 최우선 목표와 과제탐색

이상으로 회사내부 상황을 파악하였다. 이를 통해 조직과 인원을 보충하고 안정시키면서 개선과제를 함께 찾아 자율적으로 해결하도록 관리시스템을 복구하고 동시에 영업을 활성화시켜 회사 전체 경영시스템이 활성화되도록 아래와 같이 방향을 잡아 시작하기로 하였다.

우선 내부 면담을 토대로 긴급/우선 과제와 목표를 선택하고 그 대책을 마련함과 동시에 가장 시급한 외부환경을 조사분석하여 종합적인 전사대책을 강구하도록 하였다.

그렇게 하여 CEO의 목표와 과제가 최우선으로 선정되면 각 팀의 목표와 과제가 계열화되어 일목요연하게 추진할 수가 있으므로 다음과 같이 추진한다.

첫째, 판매망 실태조사와 개선과제
둘째, 조달·공급망 실태조사와 개선과제
셋째, 조직과 인력의 보강과 안정화 방안이 핵심과제인바 여기에 맞게
　　　팀별 목표와 과제가 계열화되도록 다음과 같이 과제를 정리하였다.

긴급목표와 과제	대책을 위한 준비	실천방안
1. 전국적인 유통망 실태조사와 재건탐방	- 기존 거래처 탐방 및 시장조사와 거래 가능성 타진(시장조사 양식과 방문 체크리스트 준비)	- 승용차로 10일간 순방조사(영업과장과 함께 전국 시급 도시 순방)
2. 협력회사 실태와 조달현황 조사를 위한 조달재건 탐방	- 협력회사 실태파악 - 사장면담(위치와 환경/규모와 능력/조직과 인력 등-대담 체크리스트 준비)	- 승용차로 일주일간 가까운 회사로부터 구매팀장과 함께 일일 2개 거래선 방문조사
3. 조직의 재정비와 인재의 충원 그리고 안정화 대책	- 팀별 조직구성 검토 - 한마음 전진대회 개최 준비 - 공개모집(신문광고 준비)	- 우선 6개 팀제로 운영 - 전사 금정산 등반 및 단합대회 실시 - 직무별/부족인원을 각 팀별로 파악-신입 및 경력직 공개모집
4. 근무현장 답사	- 생산-자재-품질-연구소-인사-재무 점검	- 생산시설과 생산직원 현장점검 - 자재창고와 재고현황 현장점검 - 품질/생산표준과 기기 점검 - 연구 인력과 R&D 기기 점검 - 총무/인사/재무 현황 점검

2. 시장/고객을 알면 2/3는 성공이다

경쟁의 3대 요소 즉 고객(시장)과 경쟁사 및 자사의 역량을 알면 승리의 대책을 수립할 수 있다. 여기서 핵심은 고객이며 분야별 고객의 니즈와 취향을 파악하고 목표고객을 정하여 회사의 역량을 집중하면 목표 M/S를 달성할 수 있기 때문이다.

위기 때는 어떤 이론과 제도보다도 CEO의 우선 솔선수범과 리더십 발휘가 있어야 임직원이 움직이므로 가까운 지역으로부터 출장을 시작하였다. 모든 길은 로마로 통한다고 했던가? 기업의 모든 역량은 매출과 이익창출로 통한다.

어떤 기업이든 이익 없는 기업은 존재이유가 없고 이익은 매출에서 창출되므로 모든 역량을 동원하여 매출을 회복시키는 것이 지상과제였다. 특히 당사의 상품과 같은 성숙기 시장에서의 매출부진은 곧 도산을 의미하기 때문이다. 그런 의미에서 판매 대리점은 고객과의 접점에서 회사를 대표하는 얼굴이며, 지역별 판매촉진을 위한 고객의 욕구와 정보를 제일 잘 알고 관리하는 첨병이다.

따라서 회사를 하루빨리 정상화하기 위해서는 대리점을 다시 살리고 새로운 거래처를 확보하여 판매를 활성화하는 것이므로 간단한 시장조사서와 방문상담 체크리스트를 준비하고 영업과장과 함께 부산을 출발하여 가까운 도시로부터 전국의 시급 도시를 10일간 강행군, 순방하였다.

순방하면서 당사제품의 국내시장 크기와 특성, 그리고 경쟁사 현황과 경쟁강도 및 각각의 시장점유율 등을 파악하고 지역별 구매나 사용패턴을 알아내 마케팅전략을 수립할 준비에 들어갔다.

전용차로 팀장과 함께 먼저 기존에 거래가 있었던 거래선을 방문하여 재거래 여부와 조건을 타진하고 각 지역의 시장규모와 특성 및 거래관행과 브랜드파워 등을 알아본 후, 미납채무가 있는 경우 변제계획을 협의하였다. 그 다음은 그 도시에서 가장 큰 우리 제품 도매상을 무조건 찾아가 취지를 설명하고 거래의사를 타진하고 거래규모와 가격조건 및 지원방법 등을 협의하였다.

물론 당사제품이 사용되는 지역 공업단지나 규모가 있는 개별회사도 주소 등 기본조사를 하여 귀사 후 신규 개척지 후보로 등록하도록 준비하였다. 사실 시간과 비용을 아끼기 위하여 되도록 일을 마친 후 밤에 다음 지역으로 이동하였고, 운전은 팀장과 본인이 교대로 하면서 식사도 중간 중간에 틈을 봐서 해결하였는데, 이 같은 강행군은 CEO로서 솔선수범과 책임감을 보여주는 효과가 있다.

처음 울산을 거쳐 마산-창원-순천-광주-전주-대전-청주-충주-서울-춘천-원주-속초-강릉을 거쳐 10일 만에 회사로 복귀하였으며 그 결과 다음과 같은 귀중한 정보를 수집할 수 있었는데, 여기에 다시 영업직원들의 의견을 종합하여 아래와 같이 정리하였다.

기회요소	위협요소와 약점	강점
1. 계속 성장하는 공장건설과 공동주택 분야의 시장이 많음(국내 약 4~5000억 정도) 2. 많은 틈새시장 있음 (신생 지방공단 및 2, 3차 하청 조립 중소기업) 3. 자동차, 선박의 발전 및 전기 제어분야에 기회 있음	1) M/S의 60~70%를 장악한 대기업의 존재 2) 경쟁사 및 시장요구 대비 필요한 상품의 구색이 모자람(모델믹스) 3) 경험 있는 유능한 영업 인력이 부족함 4) 판매관리 체계도, 마케팅전략도 없음	1) 40년 축적된 생산노하우 2) 브랜드파워가 남아 있음 3) 필요제품의 외주개발이 가능함
4. 특히 지역별 건실한 종합전기 도매상과 주택업자 주목 필요	1) 부산과 서울 이외는 본사 영업장과 지방 유통망이 없음 2) 대리점 개설조건에 적합한 지원 대책이 부족함	1) 고정 납품하는 1개의 대기업이 있고 2) 3~5곳의 건실한 대리점이 활발하게 영업하고 있음
5. 경쟁 대기업의 거래선 재편에 따른 탈락 거래선의 유인 기회가 있음 6. 신규로 거래 가능한 중소도시의 대리점 후보가 많음 7. 지방 주택건축 업자와 제휴 가능	1) 거래개설 유인 조건이 부족함 2) 이 업종은 중소 경쟁사가 난립되어 가격경쟁이 심함 (☎ 가격경쟁의 실체파악 필요) 3) 비교적 하청 창업이 쉬운 편임	# 강점 만들기 1) 재기의 강력한 의지(사상)통합 2) 우선 상품 구색 보완 3) 강력한 영업력 및 망구축 4) 거래 및 지원조건 개선 5) 지역거점 확보(홍보활동)

3. 외주/협력회사 파악을 위한 순회탐방

조달/외주 협력업체는 가치창출의 동반자라고 할 수 있다.

당사의 협력업체들은 대부분 부산지역에 있고 일부 안에 경남, 경기 지역에 있어 조사에 많은 시간을 소비하지는 않았다.

처음 만나서 자기소개와 취지를 설명한 후 현장을 돌아보며 주로 그들의 문제를 경청하는 데 힘썼으나 크게 기대하는 눈치는 아니었다. 그것도 그럴 것이 갑자기 불쑥 나타나 애로를 청취하고 개선하겠다니, 부임한 지 일주일 된 월급쟁이 대표가 무슨 권한으로 중첩한 문제를 해결해 주겠다는 것인가?

아직 구체적인 비전은 없지만 제대로 된 경영혁신을 추진하여 본사와 협력회사가 상생하는 기업문화를 꼭 만들어 근심 걱정 없이 사업할 수 있도록 지원할 터이니 믿고 협력해 달라고 부탁하였다.

문제는 쪽방에서 작업하는 개인회사부터 중견 법인회사도 있지만 너무 잘게 쪼개진 공정별 외주로 인하여 소재나 부품이 지그재그로 유통되니 품질과 납기 및 가격의 문제가 생기고 시간의 낭비는 물론 책임한계가 애매하다는 사실을 인지하였는바, 방문·조사 결과는 다음과 같다.

애로사항	문제점	해결책 제시
1. 경제적 발주단위로 주문요망	=현재의 주문생산으로는 곤란하나 개선위계	=내년도 사업계획에 반영하여 3개월단위로 발주하겠음
2. 소량, 단 납기 해소요망	=장기재고 부담	=3개월단위 발주하되 납기는 분산하도록 함
3. 현금결제 요망	=협의 후 결정	=당월마감 후 현금결제 하도록 노력함
4. 원자재와 부품의 사(社)급(給)체계 개선요망	=메인부품의 조립공정 분석필요	=메인조립품의 최종마감은 중점 협력사가 주도함
5. 규모의 영세성과 투자문제	=정리대상 업체의 선정기준 작성 후	=지나친 공정 세분화된 업체의 통폐합 필요하고 =신규업체 발굴 검토
6. 기타 품질, 가격문제	=품질표준 미비와 원가 분석 필요	=품질표준 재정비, 제공하고 경쟁가격제도 실시함

도산회사 살리기

4. 혼돈과 반목의 회사분위기

우선 이 회사가 기술 중심회사인지 유통 중심인지 생산 중심인지 파악하고, 제품의 수명주기가 어느 단계에 와 있는지를 파악해서 여기에 맞는 처방을 해야 살아남을 수 있다.

업력이 40년이 넘고 전기제어에 필수적인 제품이을 생산하지만 ICT시대로 넘어가는 초입에서 기술과 제품 및 유통을 모두 혁신해야 하는 쇠약한 회사임을 확인하였다.

왜냐하면 부도 후에 대부분의 유능한 인재는 모두 떠나고 특히 연구개발 부서는 소장이 핵심요원을 거느리고 퇴사하여 새 회사를 설립하였고, 또한 현대중공업에 고정적으로 납품하고 있던 파트는 외부로 독립(임시)하여 빠져나가, 내부에는 구사파가 잔존하면서 생계를 위하여 조금씩 주문에 대응하여 생산을 하고 있었다.

따라서 우선 1차로 현대납품부서를 본사로 통합하였으나, 救社파와 現代파 사이에 의리 없다 하여 서로 반목하고 있는 상황이었다.

이 같은 상황을 빨리 극복하고 성장·발전하는 화기애애한 회사가 되려면 화해와 협력의 문화를 확립해야 하고 그와 동시에 제품과 유통혁신은 물론 업무 프로세스혁신이 뒷받침되어야 하나 우선 그 주체인 인사와 조직혁신이 우선되어야 한다.

5. 연구소장 모셔오기

"기업은 사람이다."라는 말이 이때처럼 실감난 적이 없다.

가장 시급한 과제는 다시 영업망을 재구축하고 잃었던 점유율을 다시 찾아 영업을 활성화하는 것으로 이를 위해 시장요구에 맞는 상품의 디자인과 모델믹스를 갖추어야 하는데, 현재의 연구(소) 인력은 초보수준이라 R&D팀을 이끌어 갈 실력 있는 책임자를 빨리 찾는 것이 핵심과제였다.

우선 당사제품의 개발경험이 있어야 하니 동종업계 1위 기업에서 퇴사한 기술인재를 찾는 것이 빠르고 쉬울 듯하여 지인을 통하여 협조를 부탁하였는데, 마침 1위 기업에서 퇴사하여 그곳 하청 OEM 제조공장을 하던 분이 IMF로 부도가 나서 집에서 쉬고 있다기에 즉시 회장과 함께 찾아가 보니 공교롭게도 나의 고등학교 후배였다. 그뿐만 아니라 1위 업체에서 근무하며 원천기술을 처음으로 일본에서 터득한 사람이라 구세주를 만난 듯 당사 상황을 설명하고 연구소장을 제의 하였더니 흔쾌히 받아주었다.

그러나 아무리 개발경험이 많고 지식이 풍부해도 인성과 열정이 중요한데 2가지 차원에서 주의가 필요하다. 그 하나는 당사의 R&D 환경이 그에게 적합한가 하는 것이고, 다른 하나는 본인의 열정과 태도다. 우선 잘 적응하도록 도와주자.

6. 조직의 안정과 화합의 길

6-1. 인원보충과 조직의 안정화 방안

이제 시장을 파악하고 협력회사의 현황도 파악되었으나 조직의 안정과 화합이 우선문제로 대두되었다. 따라서 그간의 면담정보와 검증을 거쳐 우선 현직을 중심으로 5개 조직 1개소로 각 팀장을 선정하고 아침 조찬교육 시 임명장을 수여하여 1차 조직을 완료하였고, 이어 각 팀별로 부족인원을 파악하여 신규로 공개모집하기로 하였다.

이상의 조치는 공식적으로 전 임직들에게 팀장으로서의 임무와 책임을 공식화하는 것이며, 혁신에 성공하려면 무엇보다도 혁신의 강력한 Leading 그룹이 중립적 자세로 관망하는 중간 그룹을 선도해야 하며 반대하는 그룹은 분석 후 조정·정리할 수 있어야 한다. 그러나 그런 역량이 부족하니 우선 팀제로 운영하는 것이 서로 장점을 공유하고 단점을 보완하기 위하여 효과적이라고 생각하였다.

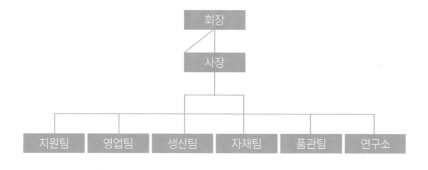

도산기업의 최대과제는 취약한 인재를 보강하고 유능한 인재를 영입하거나 육성하는 것이며 또한 그들을 먼저 신나고 행복하게 해주어야 외부고객도 행복해지고 회사가 발전할 수 있기 때문이다.

팀제의 운영은 신설기업이나 위기의 기업에서 특히 유용한 제도며 현재는 대부분의 기업이 채용하는 조직체계가 되었다. 팀제는 숙련된 직원이 없거나 적을 때 더욱더 유용한데, 그것은 참여와 협력을 통하여 원활한 소통이 가능하고 좋은 답을 이끌어 낼 수 있고 서로 학습의 계기가 되며 우수사례를 공유하여 高成果조직을 만들 수 있으며, 또한 조직 내의 파벌조성을 예방할 수도 있다.

물론 단점도 있다. 우선 팀장의 능력에 좌우될 수 있고 좋은 아이디어가 밖으로 노출될 수 있으며 의사결정이 지연될 수 있다. 그러나 장점이 더 많다.

특히 다른 여러 조직에서 근무하던 직원들이 모여 원활한 의사소통을 하려면 팀제가 보다 유용하다. 사실 한 장소, 같은 시간에 똑같은 의사전달을 해도 서로 다르게 받아들이고 해석할 수 있다. 이것은 개인의 경험, 지식, 정신상황에 따라 불가피하게 발생하는 갭인데 이를 조정하는 역할도 할 수 있다.

고래를 춤추게 하려면 자율성을 주고 팀워크를 강화해 주고 역량을 발휘할 수 있게 해주어야 한다. 즉 목표와 과제를 스스로 도출하고 실행계획을 짜고 추진하여 성과를 스스로 평가하는 자율조직을 만들어 주는 것이다.

해리 트루먼 대통령은 "위대한 리더는 하기 싫은 일을 하게 만들고, 나아가 그것을 좋아하게 만드는 능력을 가진 사람이다."고 말했다. 순수한 마음에서 '인정받고 싶다.'는 인간의 기본적 열망을 터치

할 수 있다면 위대한 리더의 길도 결코 멀지 않다.

사실 팀장이란 팀원이 성과를 내도록 리더십을 발휘해야지 종전에 수행하던 자기업무에 몰두하여서는 곤란하다. 잘 훈련된 팀장이 부족하여 걱정이 되나 이 같은 행동은 새로운 출발과 각오를 다지는 기회가 되도록 내가 함께 지원하면서 새 팀장을 중심으로 각 팀의 목표와 과제를 우선순위로 정리, 발표토록 하였다.

팀제의 궁극적 목표는 팀별 자율관리와 독립채산제 운영으로서 각 팀이 각각 이익센터가 되는 것이며 중소기업의 기동성과 인재육성의 모태로 만드는 것이다.

6-2. 선발기준과 부족인원의 공개모집

사실 불황기는 인재를 확보하는 좋은 기회이기도 하며 경기회복에 대비하여 시설 및 R&D 투자의 적기라 할 수 있다.

문제는 선발기준인데 우리 회사의 미래를 책임질 인재의 미래상이 정립되어 있지 못한 상황에서 그리고 재기시점에서 최고의 인재를 기대하는 것은 무리라고 생각되어 1차적으로 아래와 같은 기준으로 선발하기로 하였다.

1) 우선 제일 중요한 항목은 직무역량(태도/지식/기술)이라 할 수 있다. 태도는 공통으로 적용하고 경력사원은 직무역량에 중점을 둔다. 태도를 보면 그 사람의 성공을 가늠할 수 있기 때문이다. 능력이나 기능은 교육훈련으로 높일 수 있지만 태도(인성/배려)는 교육으로 바꾸기 어렵다.

2) 최고의 인재 즉 일류대학, 화려한 스펙보다 학력과 토익점수는 떨어

져도 우리에게 필요한 수준의 역량(직무지식과 추진기술)을 지닌 사람을 선발한다. 즉 협동과 열성 그리고 비전공유 역량에 집중한다(혼자서 똑똑한 사람은 곤란하다).

이상과 같이 선발기준을 정하고 신문광고를 통한 공개모집에 나선 결과 의외로 IMF의 영향으로 대·중기업 퇴직자가 많아 유능한 경력자와 신입사원을 선발하는 좋은 기회를 얻었고 추가로 동료교수의 추천을 받아 필요인재를 선발 보충하니, 이제 정상가동을 위한 조직과 인원이 확보된 셈이다.

6-3. 조직의 안정과 단합대회 실시

이제 조직과 인원은 갖추었으나 구사파와 현대파 및 새로 모집한 경력사원과 신입사원들이 엉켜서 오합지졸이 아닌가? 따라서 무엇보다 시급한 과제는 조직의 안정과 단합이다. 이를 극복하기 위한 처방은 다음과 같다.

첫째, 위기감을 높이고 공유하면서 자만심을 제거하는 것이다. 조직이 생동감이 없고 자만에 빠지는 것은 몇 가지 요인이 있는데 즉 낮은 위기감 인식/낮은 목표치/공정한 평가 부족/솔직한 비평 부재/변화에 대한 두려움/근거 없는 낙관론 때문이며, 조직의 이런 분위기를 일신하려면 위기감을 고취시키고 공유하면서 끊임없는 변화관리를 통해 자만심을 제거해야 한다.

둘째, 부도 후에도 사내에 잔존하며 버티던 구사파와 부도 후 분리 이탈

하였던 현대파 간의 갈등을 해소하는 것이다. 그러나 구사파와 이탈파 간의 충성 갈등은 쉽게 풀리는 응어리는 아니며 잘못하면 물과 기름이 되어 회사를 위기로 몰아넣을 수 있다.

셋째, 새로 입사한 경력사원과 신입사원들이 하루빨리 기존 조직원들과 보조를 맞추고 서로 협력하도록 지원하는 것이다.

이런 상황에서 바람직하고 필요한 방책은 2가지를 고려할 수 있다.

첫째, 오너의 경영철학과 이념을 바탕으로 새로운 비전과 전략을 함께 수립하고 공유하며 장기간을 두고 조직문화를 서서히 하나로 융합해 가는 방법이 있으나 이는 장기적 전략이다.

둘째, 당장 시급한 해결책으로서는 우선 내부 2파벌 간의 갈등을 치유하는 것인데, 이제 재기의 기회가 왔으니 당시 불가피했던 입장을 이해하고 화해하는 것이다. 새로 입사한 직원들도 IMF사태로 어려움을 겪고 새 보금자리를 찾았으니 이제 힘을 합쳐서 이 난관을 극복하는 일만 남았음을 공감하고, 새로운 조직문화를 만들기 위하여 역경을 함께 경험하며 서로 협력하는 단체 스킨십이 최고의 효과로 입증된바 있어, 강도 높은 집합교육을 비롯하여 등산과 운동회를 겸한 전사 단합대회를 실시하기로 하였다.

그때나 지금도 임직원들이 나태해지고 회사가 어려움에 직면하면 100리 대 행군이나 등산 등 극기 훈련을 하는데 단기적으로 효과가 빠르다.

사실 "위기 때는 핵심만 빼고 다 버려라."라고 하지만 버릴 것도 없는 상황에서 믿을 것은 오직 직원들인데 그나마 경험 있고 능력 있는 인재는 극소수니 CEO가 우선 재기의 목표와 과제만 공유하고 솔선수범하여 교육하며 지도하면서 잠재력을 이끌어 낼 수밖에 없다.

6-4. 조직의 안정과 단합은 빠른 정상화의 핵심이다

1) 등산 겸 단합대회 개최

사실 전사 직원들이 함께 모여 단합대회를 하려면 많은 준비가 필요하나 단시간 내에 신바람 나면서 서로 소통하고 협력할 수 있는 방법은 등산이나 초등학교 운동회와 같은 방법이 있다. 따라서 두 방법을 하나로 묶어 실시하기로 하고 우선 아침조회 시간에 조직의 안정과 협력이 무엇보다도 시급함을 강조하고 불가피하게 일요일을 택하여 부산 금정산으로 전 직원 단합등산을 가기로 하였다.

도시락과 음료수 및 과일을 준비하고 오전 10시에 산 중턱의 평지에 자리를 잡은 후 회장의 개회사를 시작으로 다음과 같은 여러 가지 게임을 청·백으로 나누어 시작하였다.

나는 시작에 앞서 "오늘은 전 임직원이 계층의식을 모두 버리고 함께 어울려 한 몸이 되어 서로 돕고 의지하며 마음껏 웃는 날입니다. 즉 한 식구로서 서로 확인하는 뜻깊은 기념일이니 각자는 지금까지의 반목이나 원한을 깨끗하게 씻어 버리고 화해와 배려로 화목한 회사를 만듭시다."라고 말하였다.

모두 다 같이 애국가를 부른 후 순국선열에 대한 묵념을 끝으로 "파이팅!"을 외치고 시작하였다

1.기마전

= 회장을 비롯하여 전 직원이 4명씩 짝을 이루어 상대편 기수 모자 빼앗
기로 승부를 가르는 한바탕 기마전을 하였다. = 팀워크와 순발력 파악

2. 짝지어 달리기

= 두 사람 다리 매고 뛰어 50m 반환점 돌아오기 = 팀워크 실험

3. 1:1 무릎치기

= 한쪽 다리로 서서 무릎으로 상대방 넘어뜨리기 = 지구력 테스트

4. 배구공 게임

= 배구공으로 상대편을 쳐서 라인 밖으로 내보내기 = 순발력 테스트

5. 원형라인 게임

= 가로세로 1m 원형 라인 안에 어느 팀이 많은 인원을 채우는지의 게임
(업든지, 포개든지, 안아주든지 등 스킨십의 절정) = 협동심 파악

6. 청백조로 나누어 줄다리기 = 단합평가

7. 업어주기 = 위로와 배려

= 줄다리기에서 이긴 팀이 진 팀을 그리고 진 팀이 이긴 팀을 서로 1:1
로 업어준다. = 배려/격려의 뜻

끝으로 모두 모여 "우리는 하나다!" 그리고 만세 삼창을 힘차게 외치고 오전의 단합대회를 마친 후 원형으로 둘러앉아 준비해 온 점심과 다과로 즐거운 하루를 보냈다.

2) 살아나는 회사분위기

월요일 아침 일찍 나와 출근모습을 지켜보니 그 결과는 단합과 소통에 아주 긍정적이어서 마치 오랫동안 친해 왔던 사이같이 자연스런 인사와 대화가 이루어졌다.

그동안 IMF사태와 회사부도로 암울하고 답답하던 마음과 몸을 풀어 쌓였던 스트레스를 모두 날려버렸으니 기분이 상쾌해지고 희망이 보였을 것이다. 대부분의 직원들이 서로 그날을 상기하면서 화기애애한 분위기가 조성되었다.

이를 계기로 조찬조회의 내용을 개편하여 기존에 시행하던 VTR 소양강좌 방영은 물론 유명인의 직접 강의도 실시하기로 하였고, 앞으로 회사의 경영현황과 실적 등 정보도 공개·공유하겠다고 하니 무언가 회생의 실마리를 찾은 듯 상호 신뢰도 싹트기 시작하면서 회사의 분위기는 점점 좋아지기 시작하였다.

물론 한 번의 기회로 모든 것이 개선되는 것은 아니지만 전체적 분위기로 보아 회장과 사장이 솔선수범을 보이니 예전과는 사뭇 다른 느낌이 왔을 것이다.

사실 오너와 CEO에 대한 믿음과 회사 장래에 대한 희망이 없으면 직원들은 직장에 대한 불안감으로 업무에 몰두할 수 없게 되거나 소극적이 될 수밖에 없다. 따라서 어려울 때일수록 임직원이 마음

놓고 자기의 기량을 최고도로 발휘할 수 있도록 CEO가 장단기 비전을 제시하고 솔선수범 리드하면서 소통하고 그것을 공유할 필요가 있다.

☎ 도산기업의 체크리스트

이상의 과정을 종합하면 도산기업의 재기를 위한 체크리스트를 아래와 같이 정리할 수 있다.

기능 및 직무	체크리스트 항목	비고
오너/회장/사장 측면	- 학력과 이력 - 경영철학과 이념 - 인성과 태도 - 신용과 재력	
조직과 임직원 측면	- 직무와 조직 - 인력구성	
업종과 회사연역	- 취급 상품 - 창업 역사와 전통	
비즈니스 시스템의 구성	- 제조=R&D-생산/조달/품질-판매-유통-A/S - 서비스 = 수주/제안-판매/수금-A/S - 기타	
시장 및 고객과 경쟁사 측면	- 시장=규모/성장/생애주기/특성 - 고객=구성/취향/니즈/브랜드 - 경쟁사 = 경쟁자 수/경쟁강도/잠재적 경쟁자	
협력사 등 가치체인 측면	- 자회사 자료 - 협력사 자료	
대리점 등 유통 측면	- 직간접 유통구조 - 대리점/체인점 자료	

재무제표 등 자료 측면	- 손익계산서/대차대조표 - 동산/부동산/재고자산 - 판매/수금 등 영업자료 - 생산/자재/품질/R&D자료 - 특허 및 인증자료	
사회적 평판	- 수상/포상 - 기부/봉사활동 - 윤리/도덕성	

▶ 도산 기업의 자금 융통에 관하여

도산기업이 재기하려면 우수한 인력과 자금융통이 핵심축이나, 도산기업으로서는 우수한 인재를 영입하기도 쉽지 않다. 그나마 인재에 관해서는 좀 더 애정과 성의를 갖고 구하면 새로 보충할 수 있겠으나, 자금의 융통은 거의 불가능에 가깝다. 신용 불량자가 되고 또한 담보력도 없으면 누가 돈을 빌려 주겠는가? 하지만 실패를 용인하고 재기를 도우려는 사회분위기가 확산되면서 금융권이나 정부도 기술이 뛰어나고 사업성이 있는 상품이나 서비스기업의 재기를 돕기 위한 정책자금 즉, 기술기반형 재창업 지원과 재도전 특별자금 및 보증지원을 증액하고 있는데, 중소기업청 산하 중소기업진흥공단과 기술보증기금 및 신용보증기금에서 관련 업무를 담당한다.

그밖에 산업통상자원부 등 정부 각 부처와 도·시청 단위의 자금을 비롯하여 산업별 협회의 공제기금 등 용도별로 지원되는 13개의 정책자금이 있다. 다만 각각의 지원내용과 자격 등 작성서류가 복잡하고 심사 조건도 까다로우니, 먼저 정책자금에 대한 전문 교육(업체 검색)을 받아 지식을 습득하거나, 전문가 혹은 기업의 자문(컨설팅)을 받으면 의외로 자금융통의 기회가 많다.

☎ 제2차 조찬교육=나의 인생목표 가꾸기
=회사 비전과 나의 비전의 관계=

이날 아침은 나의 존재목적 그리고 회사의 비전과 개인의 비전과의 관계를 비교하여 내가 어떻게 살아가야 하는지 그리고 회사에서 어떤 방식으로 일을 해나가야 하는지를 확인하는 조찬교육을 실시하였다.

회사를 정상화하기 위해서는 우선 임직원 본인들이 회사에 대한 가치관이 확립되어야 열정과 확신에 찬 업무몰입이 가능하기 때문에 이런 교육이 필수적이다.

1. 나의 인생목표 가꾸기(개인비전)

1-1. 결론= 최종 평가

"호랑이는 가죽을 남기고 사람은 이름을 남긴다." = 성공과 행복

그러면 이름 없는 평범한 사람은 인생을 실패 또는 불행하다고 할 수 있나요? = "아니요."

1) 자기 평가 = 자기비전 달성 여부와 그 만족도가 가장 중요합니다. 즉 본인이 생각하는 목표의 달성도와 가치기준에 따라 다릅니다. 즉 꼭 크고 높은 것만 성공이라고 보기 어렵습니다.

2) 타인평가 = 봉사와 헌신(테레사수녀)/불후의 명작(음악, 미술, 영화 등)/부의 축적과 사회봉사(기업)/정치적 성공(대통령/수상)/영적인 성공(예수, 부처, 알라신 등)/달인/악한(대도, 마피아, 살인마, 도박꾼)/운동선수(야구, 농구, 축구, 골프,,스케이트 등)

★ 1)과 2)항이 일치할 수 있으며 악한/살인마/도박꾼은 가치가 있는 목표일 수는 없지요?

3) 장례식 평가 = 누가 문상을 오며, 슬퍼할까?

시신 앞에 모여 있는 사람은? -> 숙연해지는 마음-어떻게 살아야 할까?

→ 새로운 가치관 설정(패러다임) = 새로운 개인비전 수립/보완 필요

1-2. 나는 누구이며 무엇 하려고(역할과 목표) 이 세상(직장)에 왔는가?

1) 탄생 = 유일무이한 존재(세상에 단 한 사람)/고귀한 생명체(자각 필요)/차

↓   별적 우위성(재주, 재능 있음)

▶책무 ===== 일(놀기) 위해 탄생 = 숙명이며 천명임

↓   ↓

▶비전 목표 ← 고생/樂 →본인과 부모(불가사의) = 판단과 선택의 차이

= 배움/경험/인내와 노력/목표수준/재주와

↓   재능/부모 운 등

▶행복

2) 역할 = 개인/아버지/어머니/학생/사원/사장/목사/스님/교수/악사/

화가/의사/군인 등

(1) 건전한 원칙(윤리+도덕+준법)과 자기사명서(가치관)에 입각한 역할규
명 필요

(2) 역할의 6대 분야로 각각 목표수립-추진

1. 가정과 가족	2. 정신과 윤리	3. 사회와 문화
4. 재정과 직업	5. 신체와 건강	6. 지성과 교육

(3) 자기사명서 작성(개인적 가치기준) = 선택의 길잡이 역할임/개인의 목
표는 개인적 가치와의 조화 필요/개인적 가치목록 = 성장·발전 가능
(4) 일상 행동원리 작성(행동규범) = 일과에 포함시킬 구체적 행동목록
    ◀목표접근의 출발점/사명서(가치기준)에 입각해야 함

3) 개인적 목표설정 = 내가 원하는 모든 것 즉 창조력, 상상력, 꿈꾸는 능력을 총동원하여 작성 : ★ 갖고 싶은 것 ★ 하고 싶은 것 ★ 보고 싶은 것 ★ 되고 싶은 것

단, 일체의 제약, 선입견, 논리성, 가능성 여부 불문하고 평생 자기만의 꿈의 목록을 작성하는 것이며 추가, 변경, 삭제가 가능함

⑴ 개인적 우선순위 결정 = 6대 분야로 나누어진 목표들 중 어떤 것이 가장 중요한지(가치 있고)를 결정하여 먼저 착수하고 싶은 순서대로 나열할 것 (우선 한 가지 분야, 한 가지 목표씩 착수가 중요)

⑵ 시간적 우선순위 결정 = 매일 매일의 목표(처음 시작할 때 적당)

= 주간 단위의 목표(가장 부담이 적고 적절함)

= 월간 단위의 목표

= 연간 단위의 목표

= 평생 단위의 목표

⑶ 매슬로(Maslow)의 욕구 5단계와 비전관계

사람은 누구나 성장하면서 아래와 같은 욕구를 달성하려고 노력하고 있으며 수준차이는 있으나 하위욕구가 달성되어야 다음 욕구로 이동한다.

5. 자기실현의 욕구(단계) ———— 사회적 지위/부의 축적/사회공헌/최고가 되는 것

4. 존경의 욕구 ———— 자존/권위/지위/평가, 인정욕구(고도의 실력, 성과, 德)

3. 사회적 욕구 ———— 소속/귀속/애정/상하, 우호관계

2. 안전의 욕구 ———— 위험/질병/공포/실직/사회적 보증(보험)

1. 생리적 욕구 ———— 기아/갈증/성욕/배설 등 원시적 욕구(의·식·주)

☎ 단계적 달성 방향

(4) 개인의 비전과 회사 비전과의 관계

아래 표를 보면 개인의 비전과 회사의 비전은 서로 보완관계라고 할 수 있다.

　일하러 태어났고 일을 통해 만족과 행복을 추구해야 하니 회사가 잘 되어야 내가 잘될 수 있고 회사가 성장·발전해야 나도, 가족도 성장·발전할 수 있기 때문이다.

개인(인격)	◀ 조화필요 ▶	회사(법인격)
1. 원칙=개인적 가치관 (윤리/도덕/양심)	사명	1. 사규=사회적 가치관/ 직업윤리/ 법과 규범
2. 가족구성원 (책임과 의무)	역할(일=숙명/천명)	2. 회사(사회)구성원 (책임과 의무 & 권리)
3. 개인 또는 가족이 원하는 것 (개인비전)	목표	3. 회사가 원하는 것 (회사비전)
4. 유아기-소년기-청년기-장년기-노년기(장수관리)	수명	4. 도입기-성장기-성숙기-쇠퇴기 (영속관리)
☆ 개인/가족의 만족과 행복=욕구의5단계	상호연관=기반(기초)	☆ 회사=이익과 영속성

(5) 목표의 세분화/명확화 (나의 성공목표)와 행동계획 작성

☆ 목표는 꼭 글로 작성하여 명확하게 볼 수 있어야 하고 구체적이며 설명가능해야 함

☆ 추진과정에서 예상되는 문제와 무엇을, 언제 하는지 알 수 있어야 하고

☆ 복잡한 요구들과 필요한 행동 그리고 나와 타인들에게 미치는 영향을 이해할 필요

☆ 상위 목표를 단계별로 계열화하면서 구체화하면 추진이 쉬워짐

(6) 나의 현재생활 평가하기

☆ 일상행동을 특징 짓는 태도와 습관을 명료하게 이해가능→성격, 습관 고치기

☆ 현재까지의 성공(만족)과 실패(실망) 사례/자기의 장점과 단점/재능과 능력/개선사항과 유지사항 등→목표의 적정성/달성 가능성/누락분 검증가능

(7) 목표의 시각화와 다짐이 중요

☞ 이것은 결정을 도와주고, 마음껏 행동할 수 있도록 격려하는 다짐들을 기록(피켓 & 카드 화)하여 사용하면 효과백배 (예) 그림/사진/Sample/잡지/팸플릿 등

☞ 이것은 "내가 그것(목표)을 얼마나 열렬하게 원하는가?"의 척도가 됨

4) 유능한 인재를 놓치지 않는 방법이 있어 여기에 소개한다

사실 높은 급료를 준다고 회사에 오래 근무하지 않는다. 그런 직원은 더 높은 급료를 제시하면 떠난다. 그러면 회사는 인력손실은 물론 직무공백과 축적된 노하우도 사라져 막대한 기회손실을 입는다. 한 사람의 채용에서 퇴직까지 지출되는 비용이 30억이 넘는다고 하는데 최적의 인재를 잘 뽑고 잘 육성하되 중도 이탈하는 인재를 막으려면 급료가 아닌 그 회사만의 무엇인가 끈끈한 조직문화가 필요하다. 그것이 무엇일까?

▶ 유능한 인재를 놓치지 않는 5가지 방법(조직문화)

☞ 여기서 전제가 되는 것은 직원의 직무역량(태도/skill/지식)과 열정이다.

1) 정당한 책임감과 자율권 부여 그리고 승진기회를 부여할 것

2) 직원을 존중/존경하라=나에게 갑절로 돌아옴

3) 수익을 나누어라=매출(이익)과 공헌도에 연동하여 배분하고 되도록 투명경영을 할 것

4) 포상하라=잘한 것을 칭찬하고 금전뿐만 아니라 휴가, 여행. 회식, 문화 등으로 포상할 것

5) 쉴 수 있는 시간을 줘라=성공/실패/과로 시 재기의 기회를 주고 쉴 수 있는 시간을 부여할 것

6) 공정한 인사평가 제도를 만들어라=목표관리를 통하여 평상 시 진도를 관리하여 상시 평가할 것 "내가 낳아 정성껏 키운 자식은 도망가지 않는다."

7) 동료와 팀을 위한 책임감, 결과물에서 자신이 노력한 흔적을 발견할 때 생기는 보람, 이익 공유에 따른 주인의식, 일의 의미, 동료애, 인정과 칭찬, 학습과 성장기회 같은 사회적 가치가 오히려 더 큰 동기요인이 됨

☎ 이제 경영관리의 기본을 갖추었으니 이것을 업계 만방에 알리고 재기의 신호탄을 울리자.

제3절

위기의식의 공유와
재기의 발판 구축하기

오늘의 명언

길이 험하면 험할수록 가슴이 뛴다. 등산의 기쁨은 상봉을 정복했을 때 가장 크다. 그러나 나의 최상의 기쁨은 험악한 산을 기어 올라가는 순간에 있다.

길이 험하면 험할수록 가슴이 뛴다. 인생에 있어 모든 고난이 자취를 감추었을 때를 생각해 보라! 그 이상 삭막한 것이 없으리라!

– 니체

고난을 대하는 태도가 인생의 행복과 성공을 결정합니다. 대부분은 고난을 피해야 하는 것, 불행의 씨앗으로 생각합니다. 그러나 역경과 고난을 신이 내린 선물이라 기꺼워하는 소수의 사람들이 있습니다. 그들이 행복과 성공을 거머쥐는 사람들입니다.

길을 걷다가 돌을 보면 약자는 그것을 걸림돌이라고 하고 강자는 그것을 디딤돌이라고 한다. 뚜렷한 목표가 있는 사람은 가장 험난한 길에서도 앞으로 전진하고 아무런 목표가 없는 사람은 가장 순탄한 길에서도 나아가지 못한다.

1. 새 출발의 신호탄 쏘아 올리기

등반대회의 정겨운 여운이 가시기 전에 그 분위기를 살려나가기 위하여 그동안 면담하고 조사, 분석한 자료를 바탕으로 사내 발표대회를 개최하기로 하였는바 전사 과제는 사장이 직접 발표하고 팀의 과제는 팀장이 각각 발표하여 전사가 현황을 공유하기로 하였다.

이번 발표는 전 임직원이 회사의 위기현황을 이해하고 앞으로 해결하고 달성해야 할 목표와 과제를 확인하는 공유의 장을 만들기 위하여 필수적인 행사일 뿐만 아니라 대외적으로 실행의지를 천명하고 그 책임과 의무를 강조하는 계기를 만드는 것이다.

여기서 꼭 강조하고 싶은 것은 현 위기와 그 해결과제들을 전 임직원이 공유하는 것이다. 공유하지 않으면 왜 그렇게 해야 하는지 공감할 수 없고, 공감하지 않으면 일사불란한 협력이 불가능하기 때문이다.

이번 행사는 당사의 임직원과 대리점 및 협력사를 호텔로 초청하여 그간의 노고를 치하하고 이제부터 모두가 일치단결하여 도산의 불명예를 씻어내고 재기의 발판을 새로 다짐하는 기회로 삼기로 하였다. 발표에 앞서 회장의 격려사와 외부대표의 축사에 이어 그간의 경과보고가 있었으며, 본문 발표 후 은은한 밴드음악에 맞추어 다과회를 개최하였는데 참으로 감회가 깊은 여운을 남겼다.

이번 보고 대회의 목적은,

첫째, 전 임직원들에게 위기의식을 고취하며 긴장감을 조성하고

둘째, 조직불안을 해소시켜 조직력을 오직 기업의 재건목표로 결집시키고

셋째, 현황분석 자료를 토대로 각 부서별로 자신의 과제를 발굴하여 반성하고 재발방지는 물론 맡은 바 직무와 미션을 정확히 이해하여 새로운 대책을 수립하기 위함이며

넷째, 이와 같이 경영정보를 임직원들에게 공개하고, 공유하려는 것은 투명경영을 전제로 각 팀은 물론 개개인의 목표를 명확히 수립하고 실행하여 그 성과 또한 공정하게 평가하여 나누며, 대내외적으로는 경영목표를 어김없이 추진하겠다는 선서와 책임의 의미가 있기 때문이다.

★ 여기서 잠시 "투명경영은 신뢰의 기본가치이며 분쟁을 방지하고 헌신할 수 있는 원동력"인데 최고책임자의 과욕이나 부도덕으로 회사를 망치는 경우가 허다하다.

다섯째, 발표 내용을 기반으로 4/4분기 및 내년도 사업계획을 수립하고 장·단기 과제들을 혁신하여 경영기반을 튼튼하게 다지는 데 있다.

여섯째, 발표회는 임직원의 자부심을 갖게 하고 즐겁고 신나는 직장 분위기를 조성할 수 있다. 특히 업무를 추진함에 있어 상호신뢰가 중요한데 신뢰(信賴)란 '믿고 부탁한다.'는 뜻이다. "자네만 믿네, 부탁하네."라는 의뢰와 "시키는 대로 해."라는 일방적인 명령은 하늘과 땅만큼이나 다르다. 그리고 그 차이에서 사람을 움직이는 힘이 나온다. 이처럼 인간의 본성에 입각해서 회사를 경영할 때 자연

스럽게 신뢰의 고리가 형성되는 것이다.

★ "여러분! 두렵고 엄두가 나지 않아 시작도 못 하던 일이 있습니까? 해봤자 안 될 거로 생각해서 방치한 일이 있습니까? 하지만 시도하지 않으면 가능성은 0%입니다. 모든 도전의 성공 가능성은 첫발을 내디뎠을 때 비로소 생겨나는 법입니다."

2. 전사 공통 긴급과제와 해결방안 발표대회

위에서 정리한 전사 중점과제는 사장이 직접 정리·발표하기로 하고, 각 팀장은 분임조가 되어 사장의 과제를 근간으로 팀별·기능별 과제를 현장사정에 부합하도록 분임토의를 거쳐 우선순위를 정한 후 4/4분기와 다음 년도 사업계획의 혁신목표와 과제로 정하기로 하고, 그 해결방안과 목표기간까지 각 팀별로 아래와 같이 발표하기로 하였다.

※ 아래에서 소개하는 복잡한 내용들은 당시 내가 직원들에게 작업방법을 하나하나 교육하는 의미로 작성된 것이므로 참고로 하십시요.

전사 긴급과제	해결방안	기간목표
※ 공통과제 :	▶ 아래 우선과제의 계열화 및 그 해결방안을 발표한다.	
1. 유통망의 복구와 활성화	▶ 영업사원 능력개발 교육 최우선 실시 ▶ 영업소 개설 및 대리점 복구를 우선 추진	2개월 내
2. 조달체인 복구와 유휴자재 청산	▶ 협력회사의 복구와 통합 및 정비 ▶ 유휴자재의 조사/처리 및 정리정돈-창고 확보 ▶ 지그재그 조달시스템 혁신(모듈화)	1개월 내 1개월 내 1개월 내
3. 생산시설 복구	▶ 생산관리 기본체계 정립 ▶ 라인 정비/계측 및 치·공구 확보 ▶ 생산표준, 품질표준서 개정보완 ▶ 조립, 품질 교육 실시	15일 내

4. 품질관리업 무 복구	▶ 품질보증 체계정립 ▶ 정도 관리=계측기/시험기/치·공구/금형/게이 　지 수리&보충/품질표준 재정비 ▶ 품질평가/비용 목표관리 준비	1개월 내
4. R&D 복구	▶ 제품개발 로드맵 작성 및 우선순위 개발 착수 ▶ 원천기술 확보전략 수립	1개월 내
5. 지원시스템 복구	▶ 인사관리 체계 및 제도정비 　=채용/배치/육성/평가보상 체계구축 　=근태/인사기록/취업규칙/근로계약 등 ▶ 자금/세무/회계 프로세스 기본정립	20일 내

3. 목표와 과제는
어떤 순서와 방법으로 해결하지?

발표에 앞서 문제가 발생하였는데 이렇게 분임 토의하고 리드해 오는 동안 내가 간과한 것은 이것들을 하나하나 어떻게 해야 단기간에 효율적으로 해결할 수 있는지 그 해결 프로세스를 잘 모르는 것이 문제라는 점이었다. 따라서 내 경험에 입각하여 우선 아래와 같은 방법을 제시하고, 교육하며 추진하였다.

3-1. 기획 및 과제해결 프로세스 요령

특히 중소기업의 경우(대기업 포함) 자기부서는 물론 개개인의 직무와 그 범위를 정확히 알고, 표준이 되는 업무 프로세스를 문서화하여 운영하는 회사는 극히 드물다.(다만 끊임없이 업그레이드 필요)

따라서 신입사원이 입사하여 현직에 배치되어도 업무처리는 그때그때 선배들의 지도와 어깨 너머로 배울 수밖에 없다.

이왕에 시작하였으니 처음부터 일하는 방법을 제대로 배우고 문서로 남겨서 후배들이 빠른 시간에 직무에 숙달되어 업무실수나 시간낭비를 줄이기 위하여 아래와 같이 정리해 보기로 하였다. 이와 같은 절차는 다른 팀의 직무를 이해시키고 서로 지원해야 할 직무를 공유하게 하여 서로 협조하는 계기가 된다. 그러나 이 방법이 꼭 정도는 아니며 여러 방법 중 한 가지 방법임을 첨언한다.

첫째 : 목표(목적)와 행동목록 및 프로세스 디자인하기.

업무를 기획할 때에는 우선 목표나 과제의 뜻을 정확히 이해해야 한다. 목표는 먼저 우선순위를 정한 후 측정가능한지 달성가능하며 현실적인지 그리고 필요시간과 예산 등을 고려해야 하며 과제나 문제 또한 우선순위를 정한 후 해결에 필요한 준비사항과 수단방법 및 절차를 감안하여, 목표/과제로부터 성취까지 전 과정을 상상하면서 처리공정을 정리해 보고 바람직한 결과(기대치)를 상정하여 머릿속에서 가(假)설계를 한다.

그 다음 목표/과제를 달성하기 위한 투입요소(역량/법규/협조/행동목록)와 프로세스를 공정별로 세분하여 투입시간(기간)과 예산을 수립한 다음 그 과정에서 일어나는 장애물을 예상하여 대응방책을 강구하면 완성된 설계도를 만들 수 있는데, 이것을 역순으로 다시 검증하여 누락을 보완해야 한다.

둘째 : 과제(목표)는 반드시 구체화하고 수치화할 것.

계획수립은 반드시 과제(목표)와 프로세스를 구체화(행동목록/수치화)하고 세분화할수록 달성하기도 쉬우며, 소요시간이나 비용 및 난이도까지 쉽게 도출할 수 있어 투입인원이나 예산을 정확하게 수립할 수 있는 장점이 있다. 즉 복잡한 과제나 문제는 그 핵심을 단순화하면 쉽게 해결할 수 있게 된다.

셋째 : 반드시 달성기간/時限을 정할 것.

목표나 과제의 해결을 목적으로 할 때에는 반드시 언제까지 한다는 시간/기간을 명시해야 책임 있고 유효한 해결책이 나오며 결과의 공정한 평가가 가능하다.

넷째 : 자기 명예를 걸고 책임 있게 달성할 것.

일단 작성을 했으면 자기 얼굴을 걸고 책임 있게 조기 달성하도록 열정을 다한다. "남이 하니까 나도 한다."가 아니라 내 소신껏 마무리하라는 것이다.

끝으로 : 각 팀은 중요 성과과제는 표준 프로세스를 정립해 두면 편리하다.

목표를 정하고 구체화하고 시한을 정하고 굳은 결심을 하였더라도 업무추진 프로세스(공정)가 잘못되면 시간만 낭비하고 기대했던 성과를 성취할 수 없다.

프로세스란 일의 과정이나 공정(절차/방법)을 뜻하며 기업 활동의 기능별 전체 과정(공정)을 비즈니스 프로세스(제조업=조사-기획-개발-생산/자재-판매-사후관리)라고 하며 개인적으로는 목표나 과제를 해결하는 절차(공정)를 뜻하기도 한다. 경영이 어려울 때나 경쟁력의 혁신이 필요할 때 흔히 프로세스 혁신을 통해 효율화 · 자동화를 꾀하지만 혁신의 원래의 목적은 수익성 악화나 매출부진을 타개하거나 개인의 목표나 과제를 효율적으로 해결하는 성과 지향적 프로세스

혁신이 핵심이어야 한다.

즉 기업의 전략이나 목표는 결국 개인의 실행으로 성취되므로 회사전략에 맞게 전략(목표)을 계열화하여 전략과 실행이 일치하도록 개개인의 프로세스를 설계해야 한다.

또한 행동목록상 프로세스(각 업무공정) 단계가 최적으로 실행되려면 각 공정별로 반드시 수행 Q(품질)+ C(비용)+ D(납기)를 고려하면서 작성하고 추진해야 한다.

이상과 같은 절차에 따라 각 팀은 Plan-Do-Check-Action 과정에 맞추어 아래와 같이 과제별 해결방안을 작성하도록 하되 여기서 팀장의 역할을 잠시 소개하도록 한다.

3-2. 여기서 명심해야 할 팀장의 중대한 역할

이제 각 팀이 본격적으로 목표와 과제를 해결해 나가야 할 중대하고 긴급한 시점에서 팀장의 역할과 리더십이 그 어느 때보다도 긴요하여 다음 몇 가지 염려되는 사항을 제시하니 명심하여 추진해 주시기 바랍니다.

▶ 팀원이 무기력해지는 4가지 이유

첫째. 팀원이 생각해서 제시하는 아이디어를 무시하는 경우다.
이 경우는 팀장만이 아니라 임원, 사장도 예외는 아니며 사기를 저하시키고 일할 의욕을 꺾는다. 특히 본인이 미처 생각하지 못했던 참신한 아이디어를 한참 후에 마치 자기 아이디어처럼 써먹는 상사도 있고. 심지어 그 결과로 얻은 공을 가로채는 경우도 있다.

둘째. 부하에게 자기직무를 추진하는 데 필요한 자율권을 주지 않는 경우다.

자율권도, 예산도 주지 않고 지시사항과 우선순위도 쉽게 뒤집으며 시시콜콜 간섭하면 일을 어떻게 추진할까? 각 팀별로 해야 할 일이 공유되고 정해졌으니 자율로 추진토록 독려해 주어야 한다.

셋째. 팀원이 하는 일을 무의식적이든 의식적이든 의미 있고 가치 있는 직무로 평가해 주지 않는 경우다.

내가 하는 일이 상사에게 인정받지 못한다고 생각하면 일하고 싶은 의욕이 생기겠는가?

즉 의미 있고 가치 있는 무언가(가족/회사/사회)에 기여하고 있다는 생각을 하도록 직무를 배당하고 정당한 평가를 해줘야 한다.

넷째. 팀원의 경력이나 능력에 비하여 너무 사소한 직무를 맡기는 경우다.

이런 경우 인력의 낭비는 말할 것도 없고 숙련된 인재의 유출도 발생할 수 있다. 적재적소란 말은 이런 때 적용되며 팀장은 직무분장 시 경력, 능력, 의욕(열정) 등을 고려해 적합한 분장을 통하여 사기를 진작하고 동기를 부여하여 업적을 쌓을 수 있도록 해야 한다.

3-3. 각 팀별 4단계 해결방안 발표

1. 영업팀

=긴급과제와 해결방안 발표

영업팀의 최고 현안은 판매를 활성화하는 것이며 판매가 활성화되면 생산이 활성화되고 생산이 활성화되면 구매조달이 활성화되면서 R&D도 동시에 활성화되어 경영의 선순환 고리가 정상 작동되는 것이다.

따라서 아래와 같이 긴급과제 항목을 선정하고 해결방안과 목표기간 및 그 실행과 평가 그리고 액션(피드백)까지 자세하게 작성하기로 하였다.

즉 과제나 목표달성 추진 시 이렇게 관리CYCLE (P-D-C-A) 4단계를 거치는 것은 업무처리의 체계화를 통하여 누락을 방지하고 중간에 흐지부지하지 않고 업무를 끝까지 완수하는 습관을 생활화하기 위함이다.

먼저 영업 팀의 긴급과제와 해결방안을 시작으로 다른 팀의 기본모델이 되도록 전개하기로 하였다. 어떤 기업도 매출 없이는 생존이 불가능하고 또한 모든 비즈니스의 출발이 매출이라고 해도 지나침이 없기 때문이다.

☞ 여기서 잠깐

탁월한 성과를 창출하는 영업맨들은 결코 제품과 서비스를 파는 데 집중하지 않는다. 상대방을 진심으로 위하는 마음으로 타인의 성공을 위해 전심전력해서 돕는다. 탁월한 성과는 자연스레 따라오는 결과일 뿐이다.

1) 영업팀의 긴급과제 선정(PLAN)

영업의 긴급과제는 대리점 망의 복구지만 그것보다도 영업직원들의 직무능력 향상이 무엇보다도 시급하였다. 경력 있는 영업사원은 2명 정도니 알아야 면장을 한다고…. 따라서 영업사원의 직무교육을 최우선과제로 선택하고 신병을 훈련하는 심정으로 아래와 같이 실시하였다.

긴급과제	해결 방안	목표기간
1. 영업직원 직무교육 (목적=영업활동을 할 수 있는 최소한도의 지식과 스킬 습득)	=전문강사 초빙하여 매주 토요일과 일요일 1박2일 집합교육 실시 =과목 : 영업매너/상품지식/시장조사 방법/판촉지원/채권관리/수표어음상식)/물류와 AS방법 등 =교육결과 평가->재교육 반영	4주간

2) 긴급과제 항목의 실행(추진공정도=DO)

앞서 제시한 여러 과제 중 영업활동의 기초지식 함양을 우선하여 "영업직원 직무교육"을 선정하고 아래와 같은 절차와 체계화로 실행실습을 하며 나머지 과제들은 모두 동일한 방법으로 실시하도록 한다.

이제 긴급과제{PLAN}를 정하였으니 실행으로 마무리를 해야 한다. 사실 실행이란 쉽고도 어려운 점이 있는데 시작이 반이라고 결정 나면 바로 행동으로 옮겨야지 미루면 실행이 어려워진다. 또한 업무과제를 실행 공정별로 중분류 및 소분류 한 후 장애요인을 분석하고 수단방법(행동목록 작성)을 찾아 달성에 필요한 소요시간과 예산을 견적하여 정리한 다음 순서대로 이행하되 계획-실행-분석-반영을 되풀이하여 완성하는 습관이 중요하다.

어떤 과제나 목표를 수립하거나 실행할 때에는 앞서 설명한 대로 먼저 머릿속에 과제의 실행공정을 순서대로 상상하여 행동목록을 정리하고 그것을 아래와 같이 글로 옮기면 잘 정리되고 쉽게 실행할 수 있다. 아래와 같은 과정은 사실 현업에서 오랜 기간 각기 다른 직무를 두루 경험하지 않고는 업무추진 공정을 상세하게 상상할 수 없다. 따라서 어느 정도 습관화될 때까지 상사나 경력자가 멘토가 되어 꾸준하게 지도해야 한다.

기획 및 실행 전에 이 목표와 과제가 요구하는 핵심은 무엇인가를 확인하고 그것을 중점적으로 해결하도록 노력한다.

3) 업무기획 및 실행요령

[☀ 상상의 날개를 펴라]

(1) 영업업무의 필수 기초지식(과목)은 무엇인가를 검색하고 상상하여 무작위로 나열한다.

→ 시장조사/거래선 개척/판매와 수금/대화매너와 고객관리/(광고)판매촉진/수표어음법/불량품 관리/판매물류 등등

→ 순서 없이 생각나는 대로 나열 후 중요 순·우선 순으로 정리하고 1차 팀장과 협의하여 보완/정리한다.

(2) 강사는 누가 적임자인가?

→ 경력과 실적 등 DB 검색=섭외/선정/약정 → 일정 및 교재위탁 등등 =2차 정리 후 팀장과 협의

(3) 교육 장소는 어디가 적합한가?

→ 조용하며 숙식 가능하고 이동거리가 회사로부터 버스로 30분~1시간 이내 지역을 찾아 답사 후 팀장과 협의

(4) 이상을 실행하기 위한 예산은 얼마가 필요한가?

→ 숙식비+강사료+교재대금+왕복 교통비+간식 등 기타

⑸ 위 과제를 진행함에 있어 예상되는 장애요인과 대책은 무엇인가?

→ 사장의 승인 여부/예산/일과시간 외/효과 등

⑹ 이 교육을 통한 기대효과는 무엇인가?

→ 직무능력 및 Skill향상/매출향상 등 당초의 목적을 달성하였는가?

⑺ 사후관리를 꼭 염두에 두고 실천할 것

→ 교육 종료 즉시 비용명세서와 증빙서류를 첨부하여 상사의 결재를 받고 지원 부서에 보고한 후 교육결과를 평가하여 보관하고 다음 교육에 반영한다.

⑻ 기타 필요한 준비사항은 무엇인가?

→ 계약-차량-복장과 외박도구-노트와 필기구 등

이상과 같이 단계별로 상사와 협의하여 진행하면 애로사항이나 중복 등 시간낭비를 줄일 수 있다. 물론 이런 교육을 추진한 경력자는 위의 일부 과정을 생략하고 작성해도 무방하다.

이렇게 먼저 머릿속에서 상상하면서 PC[노트북]에 정리해 나간 후 팀장과 최종 협의하여 보완하면 다음과 같이 완성되며 이후는 노트북에서 진행한다.

[☎ 작성 예]

과제의 실행 공정도 ▼	행동항목 ▼	시간 목표
1. 영업직원 직무교육	☞ 전문강사 초빙하여 매주 토요일과 일요일 1박2일 집합교육 실시	4주간

2. 기대효과는?	☞ 영업직원이 실전에 바로 투입되어 활동하는 데 필요한 기초 지식 습득/실수방지/매출 향상/자신감 향상 ☞ 현장에서 역할연기 실시로 현장적응 능력 향상	
3. 실행상의 장애요인과 대책	☞ 적합한 강사초빙과 교육장소 선정문제 → 전문가 검색 ☞ 성과측정 및 성과여부 검증 곤란 → 강사와 함께 교육현장에서 입회 테스트 가능	
4. 실행해야 할 행동목록들	중분류/소분류 목록	
1] 필요과목과 시간설정	1) 영업의 존재목적과 미션 2) 시장조사와 시장개척 방법 개요 3) 매출과 수금요령 및 그 계획 작성방법 4) 상권분석과 거래처 관리 5) 여신과 채권관리[수표어음법] 6) 판매촉진(광고) 7) 대인관계 매너[역할연기] 8) A/S의 기본지식 9) 영업 물류관리 방법 (포장/분류/보관/ 배송 등)	1시간 2시간 3시간 2시간 3시간 3시간 2시간 1시간 1시간
2] 강사선정 및 교재준비	1) 영업전문 강사 물색-선임 2) 과목과 일정/시간 예약=출장 또는 면담 (전화/팩스 검토) 3) 교재준비 요청	2시간 내 3일 내 1주일 내
3] 교육장소 물색 및 계약	1) 이동 편리/조용하고 공기 맑은 곳/숙식가능 장소 물색 2) 예산확보 및 계약	1주일 내
4] 전체내용 정리 후 품의	☞ 승인 후 = 교과/일정 작성 및 준비물 → 영업직원 회람	즉시
5. 장애요인 극복결과 체크	= 언제 어디서 누가 왜 어떻게 해결하였는가	4W1H
6. 실시 후 목표 달성 평가	= 성과측정 Test한 후 보완하여 다음 교육에 반영 여부	즉시
7. 결과보고체크	= 증빙첨부 결과보고 여부 1차 CEO/2차 지원팀	즉시

이상의 행동목록을 그대로 행동으로 옮기면 과제를 해결할 수 있다. 위

도산회사 살리기

와 같은 업무 공정별 행동목록은 경험 없이는 쉽게 도출되지 않으므로 교육훈련 결과를 표준양식으로 보완하여 누구라도 교육계획을 수립할 때 참고할 수 있도록 해야 한다.

실행은 행동목록을 하나하나 실천하는 것이며 1일 행동계획/주간 행동계획/월간 행동계획으로 나누어 실천하되 이 과정에서 부딪치는 애로사항은 동료나 또는 팀장 및 타 부서와 협력하면서 해결하는 과정을 거치면 본인의 친화력과 업무역량이 강화될 수 있다.

회사업무는 흔히 계획만 있고 실행이 없는 경우가 있고(계획낭비), 반대로 계획 없이 실행해야 할 업무가 있다(행동낭비). 그러나 회사는 이익의 실현이 최우선 과제로서 성과목표가 핵심 업무며 일상관리 업무는 부차적 업무라 할 수 있다. 또한 사장 등 상사의 두서없는 업무 지시는 피할 수 없지만 사업계획 수립 시 성과목표를 중심(근간)으로 하고 일상관리 업무를 부차적으로 하여 연간계획을 수립하되 계층별 직무별로 계열화하면 그런 폐단을 대부분 방지할 수 있다.

물론 사장/상사의 지시 업무는 별도로 목록을 만들어 긴급/중요성에 따라 처리해야 한다.

사업 환경의 변화에 즉시 대응하기 위한 긴급(지시)과제는 되도록 특별대응 팀을 구성하여 추진하는 것이 효과적이다.

4) 실행결과의 확인 및 평가(CHECK)

☎ 먼저 체크의 필요성과 요령을 알아보자.

사실 체크는 긴장을 주어 주의를 환기하고 업무에 집중하게 하는 효과가 있다. 담당별로 매일 행동목록의 진행과정을 자진 체크하고 팀장에게 보고하여 코치를 받아 수정, 보완한다. 이렇게 하면 결국 미리 인사

고과를 하는 것이고 6개월마다 희미한 기억으로 몰아서 하는 고과와의 괴리를 막을 수 있어 고과의 정확성과 공정성 및 신뢰성을 확보할 수 있다. 즉 고과는 인간의 감정이 개입되고 기준이 공정하지 못하거나 목표나 과제가 정성적인 면이 있기 때문에 위와 같은 방법으로 팀별/주간별/월별로 평가하도록 적극 지원하였다.

즉 매일 매일의 체크가 주별, 월별로 모여 상반기 고가가 되고 연간으로 집계하면 연간 고과를 미리 하는 셈인데, 이렇게 해서 팀원들과 항상 소통하고 그들의 성장발전을 도우며 나아가 팀과 회사의 발전으로 이어지는 선순환 고리가 형성되면 이직의 걱정도 막을 수 있다.

체크가 제대로 되어야 계획의 적정성은 물론 실행의 난이도를 확인할 수 있고 직원의 실력이나 능력을 평가할 수 있어 지도교육에 기초가 될 수 있으며 또한 책임과 의무를 명확히 밝히면 차후 더 정교한 계획과 실행이 가능해져서 개인은 물론 조직도 성장, 발전할 수 있다.

따라서 목표나 과제는 구체적일수록 정확한 평가가 가능하고 신뢰도가 향상된다.

체크는 목표와 과제의 각 항목별로 실행여부(프로세스 검증)/초과/달성/미달/미집행/시간준수여부 등을 1:1로 체크하여 분석하고 평가하도록 한다. 또한 평가는 수·우·미·양·가로 하든, 최우수/우수/보통/미흡으로 하든, 숫자화(점수)하는 것이 좋다. 그래야 오류 없이 정확하여 불평불만을 줄일 수 있다.

체크/평가는 아래 표대로 1차 자기평가-2차 팀장평가-3차 임원평가-4차 사장평가로 진행하도록 한다.

또한 평가는 실행자와 함께 실시하여 지도하되 결과를 필요에 따라 지표화 또는 표준화하고 그 원인을 분석, 평가하여 반드시 재계획하고 그 내용을 상호공유하면서 계속 실시, 완성해야 관리의 선순환 고리가 완성된다.

실제로 국가기관은 물론 대기업에 이르기까지 체크를 제대로 하는 곳은 별로 없어 보인다. 더욱이 중소기업은 말할 것도 없다. 체크가 미약하니 낭비가 많고 잘잘못을 가릴 수 없으니 책임도 없으며, 인사고과의 평가도 공정하지 못하게 되니 사내 불만이 쌓여 인재의 유출은 물론 목표의 달성도 어렵게 된다.

초기 관리체계가 정립되기까지 나는 매주 월요일에는 꼭 조기 출근하여 팀별로 체크에 매달려 지도하며 과제를 완수하고 코치가 되어줌으로써 당장에 그 보상은 충분하지 못해도 직원들을 성장/발전시키기 위하여 솔직한 체크와 멘토에 주력하였다.

☎ 계층별 체크(평가)항목과 주체

체크는 자율관리가 정착되면 아래 체크주체별 체크항목대로 질서를 지켜야지, 이를 어기면 중구난방이 되어 양질의 업무추진을 방해하고 사기를 저하시킨다.

체크항목[예]	체크주체	체크빈도	비고
사업계획서/투자/기술개발/인사정책 등	- 대표이사	- 년도/반기/분기별/월	- 계층별 체크는 회사의 규모별로 차이가 있음 - 중소기업은 사업부 또는 부과 단위가 적합
- 사업부 계획(목표/과제) 투자/인사/예산 등	- 사업부장/임원	- 분기/월별/주간	
- 부/과(팀)별 계획(목표 과제)인사/예산 등	- 과/부장/팀장	- 월별/주간단위/일	
- 개인별 목표/과제/예산	- 개인/팀원	- 주간/매일	

◆ 영업팀의 실행평가표

과제의 실행 공정도	행동항목	행동목록 분석/평가	시간 목표	평가
1. 영업직원의 직무교육	- 전문 강사 초빙하여 매주 토요일과 일요일 1박2일 집합교육	- 중요도에 따른 시간배정과 교재미흡으로 보완 필요하나 목표는 달성함	4주간	적정
2. 실행해야 할 행동목록				
1] 필요과목과 시간설정	1)영업의존재 목적과 미션	- 내용과 설명; 모두 만족함	1시간	적정
	2) 시장조사와 개척방법	- 당사 영업현실과 차이 있음 - 보완필요	2시간	미흡
	3)매출과수금 요령및계획 작성방법	- 구체성 부족 및 당사실정과 차이 있어 실무적용 곤란-추가보완 필요	3시간	미흡
	4)상권분석과 거래처 관리	- 산업별 지역별 상권지도와 거래처관리 체크리스트 활용	3시간	적정
	5) 여신과 채권관리 [수표어음법]	- 여신한도 관리방법의 활용/법규=내용과 사례가 부족하여 실무보완 필요함	3시간	미흡
	6) 판매촉진 (광고)	- 판매촉진은 기본이론으로 실무적용에 응용 필요하고 보완	1시간	적정
	7) 대인관계 매너 [역할연기]	- 고객매너와 설득은 아주 만족함	3시간	만족
	8) 애프터서비스의 기본지식	- A/S는 기초 이론에 그쳐 보완이 필요함	3시간	미흡
	9) 영업 물류 관리 방법	- 기초이론에 그쳐 당사에 맞는 포장/보관/운송시스템 필요	1시간	미흡

도산회사 살리기

2] 강사선정 및 교재준비	1) 영업전문 강사 물색 2) 과목과 일정시간 예약 =면담/전화/ 팩스 검토 3) 교재준비 요청	- 기존 인맥DB 활용하여 해결함 - 전화와 팩스로 잔무 처리함 - 당사 실정에 부적합하거나 구체적 사례 미흡	-24시간 내 3일 내 -1주일 내	-적정 -적정 -미흡
3] 교육장소 물색 및 계약	1)이동 편리/ 조용하고공기 맑고숙식가능 장소 물색 2) 예산 확보 및 계약	- 기존 이용하던 장소 활용함 - 방문예약 성공 - 품의획득/ 계약서 완성	1주일 내	-적정
4] 전체내용 정리 후 품의	- 품의 - 승인 - 교과/일정 작성/예산 및 준비물 회람	- 대표 승인 및 임직원에게 회람	즉시	-적정
5]결과보고 와 목표달성/ 평가	- 증빙첨부 결과보고 여부 - 구두 및 실기테스트 실시여부 - 성과측정 Test 및 다음 교육에 반영 여부	- OK - 성과 측정방법의 소정 양식화 필요 - 팀장과 함께 현장실습 하고 다음 교육에 반영	즉시	 -적정 -적정
3. 장애요인 의 해결여부	- 강사초빙과 교육장소 문제 - 성과측정 및 성과여부	- 사장승인-OK - 강사 및 장소는 기존정보 검색하여 해결하였고 - 성과는 교육현장에서 실행 평가함	즉시	-적정
4. 기대하는 효과의 달성 여부	-영업직원이 실전에서행동 에필요한기 초지식습득	- 현장투입에 필요한 기초 지식은 습득하였으나 현 실적용을 위해 선배의 동 행지도가 필요함	즉시	-부족

5. 결과보고와 사후관리 여부	- 교육결과 보고 및 다음교육 반영 - 증빙첨부 교육비 정산 보고	- 적정하게 달성됨 - 정산, 보고됨	즉시	-적정

5) 영업팀의 평가결과의 반영(ACTION)

☎ 실행결과는 반드시 반영하여 반성과 축제의 기회로 삼자.

체크결과로서의 Action 목적은 목표나 과제의 완성을 통한 관리의 선순환 고리를 만들고 나아가 인사관리의 핵심으로 활용하는 데 있으며, 또한 주별·월별로 평가결과를 자축하여 우수한 성공경험을 나누고 칭찬하는 자리(팀 별 회식)를 마련하면 그런 맛에 회사생활이 즐거워진다.

먼저 '미달' 이하의 결과를 다음 계획에 다시 반영하고 '달성' 이상의 결과는 표준화나 업무규칙을 만들어 실시하는 것이 좋다.

칭찬은 고래도 춤추게 하는 것과 같이 직원들에게 결과의 공정한 평가를 통하여 멘토링 하면서 소통하고, 그리고 칭찬하며 포상하고 또한 평가결과를 종합하여 승진·승차에 반영하도록 한다.

미달자나 능력이 부족한 직원은 교육·훈련시켜 재기의 기회를 주어 인재를 육성하면 직원들에게 동기부여가 되고 동시에 조직을 활성화시켜 어느 기업이든 성장·발전할 수 있다고 생각한다(정부가 지원하는 직무 관련 무상교육도 많다). 그런데 대부분의 조직이 여기까지 추구하지 못하고 DO나 허술한 CHECK에서 멈추기 때문에 인재의 유출이 일어나고 따라서 회사의 발전도 멈추게 된다.

이 과정이 매끄럽게 순환되면 일하는 것이 신나고 재미나서 회사출근도 즐거울 수밖에 없고 따라서 성과는 향상되고 이직률은 낮아진다.

◆ 영업팀의 Action을 정리하면 다음과 같다.

구분	목표달성 항목 [표준화 및 업무규정 항목]	미달 항목 [재계획 항목]	미실행 항목 [재실시 항목]
★표준화 및 업무규정 제정	1.교육준비 프로세스 2. 영업교육=초급/중급/고급과정으로 편성하여 직무능력 향상	- 미흡 및 부족항목 보완하여 다음 교육에 반영	- 불참 및 보완교육은 팀장의 전달교육 또는 전문교육기관에 의뢰
★승차/포상 대상	해당자 성명=월별, 분기별 또는 반기별 평가하여 합산하여 반영		
★배치/퇴출 대상	해당자 성명=상동(재기 기회 부여)		
★교육/훈련 대상	해당자 성명=이번 교육으로 실무적용이 곤란한 자는 전달교육 및 전문교육기관에 다시 의뢰함		

2. 경영지원팀

=긴급과제와 해결방안 발표

경영지원팀의 최우선 과제는

첫째, 유능한 인재를 적기에 선발하여 적재적소에 배치하고 바람직한 인재상을 정립하여 이에 걸맞은 인재를 교육하고 육성하며 각 팀의 업무를 포괄 지원하는 것이다.

둘째, 양질의 자금을 조달하여 현금흐름을 원활히 하며 경영정보를 적기에 제공하여 정확한 의사결정을 지원하는 것이다.

셋째, 세무회계의 계획성 있는 집행으로 감면, 절세하고 실기하지 않도록 관리하는 것이며 또한 예산을 관리/통제하여 자금의 효율성을 높이고 낭비를 줄여 이익을 제고하는 것이다.

여기서도 긴급과제 1가지만 선정하여 영업팀과 동일 요령으로 전개한다.

1) 지원팀의 긴급과제의 선정(PLAN)

▷ 총무 팀의 긴급과제	해결방안	목표기간
1. 회사자산의 재정비	- 당사 고정자산과 유동자산의 재정비	1개월

이상의 여러 과제 중 지원팀은 재무활동의 기초가 되는 "회사자산의 정비"를 기본모델로 선정하고 아래와 같이 실행, 실습을 하였다.

2) 지원팀 과제의 실행과 공정도작성(DO)

☎ 업무기획 및 실행요령

[☀ 상상의 날개를 펴라]

(1) 우선 고정자산과 유동자산의 정의를 알아본다.

☞ 고정자산

고장자산이란 경제의 활동수단으로서 계속적으로 기업에 사용되는 자산을 말한다. 고정자산은 무형의 고정자산과 유형의 고정자산으로 나뉜다. 무형의 고정자산은 특허권, 특허실시권, 영업권, 상표권, 실용신안권, 전매권, 채굴권, 광업권, 자치권, 대리권, 지상권 등이며 유형의 고정자산은 전물, 공작물, 토지, 기구, 비품, 용구 및 공구, 설비, 궤도 및 차량, 장치, 건설비, 선량 및 선박 등이다.

☞유동자산

유동자산은 그 형태에 따라 당좌자산, 재고자산, 기타 유동자산으로 구분되는데, 기업회계 기준 제11조의 대차대조표의 작성기준에 의하면 자산과 부채는 1년을 기준으로 하여 유동과 비 유동으로 구분하는 것을 원칙으로 하고 있으며, 유동자산은 다시 당좌자산·재고자산 및 기타 유동자산으로 분류한다. 당좌자산은 현금 또는 현금적 형태를 갖고 판매과정을 경유하지 않고 단기간 내에 용이하게 현금화하여 지급수단이 되는 것으로서 여기에는 현금·예금·유가증권·외상매출금·받을 어음·단기대여금·미수금·미수수익과 기타의 당좌자산이 속한다. 재고자산은 기업에서 작업 또는 판매의 대상이 되며 현금화하는 데 판매과정을 필요로 하는 자산으로서 여기에는 상품·제품·반제품·재공품·원재료·저장품, 기타의 재고자산 등이 포함된다.

　기타 유동자산은 위의 2가지 자산에 속하지 않는 자산으로서 여기에는 선급금, 선급비용, 기타 유동자산이 포함된다.

⑵ 위 정의에 따라 대차대조표상의 항목과 실체를 조사, 확인한다.

▶고정자산의 명세표 작성=위의 정의에 따라 팀을 구성하여 실사하되 무형 고정자산은 연구소와 협의하여 작성한다. [등기부등본 열람/권리확인/유효기간 등]

　단, 회사 부도로 공장대지와 건물은 소유권이 없으므로 나머지 소유자산만 구별하여 작성한다.

▶유동자산의 명세표 작성=재고자산을 제외한 유동자산은 경리담당이 분담하여 작성하되 외상매출금/받을 어음과 미수금은 영업부서와 협의하여 [거래처별 각 명세서 참조] 작성하고 재고자산은 자재팀의 조사가

완료되어 명세표가 작성된 후 취합한다.

(3) 과제해결을 위해 애로사항을 확인하고 대책을 강구한다.

(4) 사후관리를 명심한다. 즉 각각의 명세표를 취합하여 보고한다. 명세표를 기준으로 대차대조표를 작성한 후 품의하고 회사의 기초자산으로 등록한다. 이것을 기초로 삼아 회사자산을 최대로 활용하여 최대의 효과를 창출하고 책임소재를 명확히 한다.

이상의 상상을 가다듬어 차례로 아래와 같이 실행공정도를 작성하고 실행한다(DO).

과제의 실행공정도	행동목록	시간목표
1. 회사자산의 정리	- 조사명세서 양식을 고안하고 조사 및 기입방법을 교육한다. - 고정자산 조사, 선별, 계수 - 유동자산 조사, 선별, 계수	1개월 내
2. 예상되는 기대효과	- 잔존자산의 정확한 파악과 신규 재무제표 완성 - 경영의 책임소재 확인	
3. 예상되는 애로사항과 그 대책	- 조사양식 고안(경리협조) - 조사인원 동원문제	1주일 내
4. 행동목록	중·소분류	
1] 고정자산 명세서 작성	- 투자자산 명세표를 작성한다. - 유형자산 명세표를 작성한다. - 무형 고정자산 명세표를 작성한다. [아래 별도표시]	1개월 내
2] 유동자산 명세서 작성	- 당좌자산 명세표를 작성한다. - 재고자산=자재팀 조사 후 확정할 것	1주일 내

3] 무형 고정자산 명세서 [연구소 협조]	- 특허/실용신안/상표/디자인/영업권 등 각각의 명세표를 작성한다.			3일 내
5. 애로사항 극복여부	- 언제 어디서 누가 왜 어떻게 해결하였 는가를 기록			즉시
6. 성과측정 및 사후관리 실행여부	- 회사의 새로운 자산 확정 및 그 관리 체계 확립여부 - 자산등록 및 새로운 대차대조표 작성 여부			즉시

3) 지원팀의 실행공정도의 체크/평가(CHECK)

#긴급 과제1	행동목록	분석/평가	시간 목표	체크
1. 회사자 산의 정리 - 고정자 산 및 유동 자산 선별, 계수	- 고정자산 명세서 작성 - 유동자산 명세서 작성	- 종류가 많고 소형이 라 선별에 애로 많았으 나 무사히 마침	1개월 내	적정
2 행동목록	중·소분류			
1] 고정자 산 명세서	- 투자자산 명세서 작성 - 유형 자산 명세서 작성	- 자산의 정의를 먼저 했는데도 전문용어 해 석 차이로 착오 발생 - 경리부서에서 수정, 보완	1월 내	
2] 유동자 산 명세서	- 당좌자산 명세표 작성 - 재고자산= 자재팀 조사 후 확정	- 자재팀 조사시간 차 질로 작성 지연	1주 내	적정

3] 무형 고정자산 명세서 [연구소 협조]	특허/실용신안/상표/디자인/ 영업권 등	- 인수인계 및 관리 부실로 다소 시간 초과	3일 내	다소 미흡	
3. 장애요인과 그 대책 결과	- 조사양식 고안 (경리협조) - 조사인원 동원문제			적정	
4. 기대효과 평가	- 회사운영에 기초가 되는 자산의 정확한 파악 여부 - 재무제표 확정과 책임소재 확인	- 부도로 인한 혼란과 인수인계의 부실로 정확한 자산 확정 불가했으나 이번 기회에 새로 정리 확정함		적정	
5. 사후관리 평가	- 회사의 새로운 자산 확정 - 새로운 대차대조표 작성-경영정상화 - 지원팀은 새로 작성된 자산명세서를 기초로 수불관리 철저		즉시 실시	적정	

4) 분석, 평가결과의 반영(ACTION)

실행결과를 분석, 평가해 보면 목표와 과제의 달성여부가 판명되며 미달된 것은 다음 계획에 다시 반영하여 꼭 달성해야 하며 달성과 초과달성 및 모범이 되는 수단, 방법은 표준화하여 학습하고 전파한다.

항목구분	목표달성 항목 [표준화 및 업무규정 항목]	미달항목-재계획 항목 미흡 및 부족항목 보완	미실행 항목 [재실시 항목]
★ 표준화 및 업무규정 제정	- 자산관리의 시스템화와 전산화 - 실시간 경영정보와 조기경보 시스템 구축	- 항상 최근의 관련정보 Up-date 필요	- 이번 과제에서는 없음

★ 승차/포상 반영 대상	해당자 성명 : 각 팀 협조로 전사적 행사이므로 완료 후 회식
★ 배치/퇴출 반영 대상	해당자 성명 : 해당 무
★ 교육/훈련 반영 대상	해당자 성명 : 현장자료(정보)는 발생 즉시 현장교육 실시

3. 생산팀

= 긴급과제와 해결방안 발표

생산팀의 긴급과제는 생산시설과 치, 공구, 계측기 등을 정비하여 판매 활성화에 따른 양산과 납기에 대비하는 것이다.

또한 양산에 대비하여 각각의 표준을 정비하고 생산직 사원을 보충하고 교육하는 것이다.

1) 생산팀의 긴급과제(PLAN)

긴급과제	해결방안	시간목표
1. 생산시설의 재정비, 보완	- 가동 중단되었던 시설의 보수, 정비, 보전 - 조립 지그/공구/계측기 보완 - 양산대비 생산직 교육	2주일 내

사실 조립부품 수가 많고(공정) 복잡한 구조의 제품은 모듈화가 생명이나 당사제품은 비교적 단순하여 생산방법을 변경할 필요가 있다.

이상의 여러 과제 중 생산 활동의 기반이 되는 "생산시설의 재정비, 보완"을 기본모델로 선정하고 아래와 같이 실행실습을 하였다.

2) 생산팀의 과제실행과 공정도 작성(DO)

☎ 업무기획 및 실행요령

[☀ 상상의 날개를 펴라]

(1) 먼저 자재투입부터 완성단계까지의 공정을 상상함.

→ 각 공정별 생산시설과 지그/공구/운반구 등을 조사하여 명세표를 만든다.

(2) 위 명세표를 분석, 평가하여 -> 정상/보수/폐기/신설로 구분한다.

(3) 위 명세표에 따라 소요시간과 비용을 산출한 후 직장 및 팀장과 협의하고 품의하여 추진한다.

(4) 장애요인을 분석하고 대책을 강구한다.

→ 최신시설과 기구를 탐색하는 문제와 예산을 확보하는 문제

(5) 기대효과를 정리해 본다.

→ 양산/생산성/품질/속도향상 등

(6) 반드시 사후관리에 만전을 기한다.

→ 새로 보완된 시설과 기구명세서를 작성하여 자체적으로 관리함과 동시에 반드시 지원 부서에 자산으로 등록한다.

3) 생산팀의 실행공정도(DO)

생산팀의 실행도 영업팀과 같은 요령으로 행동목록을 1일/주간/월간으로 나누어 양식을 편리하게 만들어 개인PC에서 관리한다.

양식에는 반드시 행동목록과 추진일정별 소요시간/준비물/비용/장애물과 중요정보/완료(달성)여부를 표시할 수 있도록 고안한다.

사실 실행양식은 체크양식을 그대로 PC에 옮겨 사용해도 무리는 없으나 좀 더 구체성을 갖추어 누락을 방지하기 위하여 필요하며, 아래 예

는 곧 상사에게 보고하는 보고서로서 따로 보고서를 만들 필요가 없게 운영한다.

과제의 실행공정도	행동항목	기간목표
1. 생산시설과 기구의 보수/정비/보완	- 가동 중단되었던 시설의 보수/정비/보전/ 청결 실시 - 조립 지그, 공구, 계측기, 운반구 등 대체, 보완	1개월 내
2. 기대효과는?	- 정상적인 생산 활동과 생산성 향상/품질, 납기보장 및 낭비제거 기대	
3. 예상되는 장애요인과 그 대책	- 생산실무자 경험부족 → 각 팀장에 협조요청 - 해당품목에 대한 정보부족 → 시장조사 후 유명메이커 2~3개 회사 선별/규격 검토/가격비교 견적하여 착오 없도록 함	
4. 행동목록	- 행동목록 중·소분류	
1] 가동 중단되었던 생산시설의 개선/정비	- 인원 지원요청-업무분담/조사표 양식 준비 - 생산라인별/품목별 조사 실시 - 각각의 명세표 작성 > 1:1 평가 (양품/폐품/수선/교체) - 예산 및 처리품의>실시=대장정리>경리부서 이첩	20일 내
2] 조립용 지그/공구/계측/운반구의 개선	- 기존 지그/공구/계측/운반구 명세표 작성-양부판정 - 보수 품 수리 및 불량품 교체 품의	15일
5. 애로사항 극복여부	- 언제/어디서/누가/왜/어떻게 해결하였나?	
6. 사후관리 여부	- 재정리된 시설 및 지그/공구/운반구와 신규 구입명세표 지원부서 등록여부 - 자체 관리대장(수불부) 비치하고 관리여부	

4) 생산팀의 실행체크와 평가(CHECK)

# 긴급과제	행동목록	행동항목의 분석/평가	시간 목표	체크
1. 생산시설과 기구의 보수/ 정비/보완	1] 가동 중단되었던 시설의 조사/분석 → 보수/보전/신설 결정 2] 투입인원/예산 확보	- 라인별/품목별 리스트 업 및 일정별/투입인원별 실시함 - 각각의 명세표가 작성 완료됨 - 예산수립 및 실시 품의 실시함	20일 내	달성
2. 행동목록	- 중·소분류			
1] 가동 중단되었던 시설의 조사/분석 (보수/보전/신설여부 결정 → 투입인원 및 예산확보)	- 일정별/라인별/품목별 리스트 작성-조사/분석 - 각각의 명세표 작성 - 예산 및 실시 품의 - 가동에 필요한 조치완료	- 소분류 목록에 따라 기간 내 완료되어 각각의 명세표가 작성됨 - 예산을 수립하여 실시하고 예산범위 내에서 완료됨 - 양산에 지장 없음을 획인	20일 내	달성
2] 조립용 지그/공구/계측/운반구의 조사 평가구입	- 조사, 평가 후 각각의 명세표 작성 - 명세표 첨부하여 결과 보고하고 구매 품의함 - 자재팀에 구매의뢰 - 자제팀 예산확보-구매 후 수입검사하여 생산팀 인계	- 명세표에 따라 구매되고 생산팀에 정상 인계됨 단, 정보부족으로 구매예산 초과되고 요청품목이 모델 변경되어 대체품 입고됨	15일 내	달성

도산회사 살리기

3. 장애요인 및 그 대책 평가	- 생산실무자 경험 부족→각 팀장의 협조요청 여부 –해당 품목에 대한 정보부족→시장조사 후 유명 메이커 2~3개 회사선별=규격검토/가격비교 견적하여 착오 없도록 하였는지 여부	- 각 팀 협조 OK - 용도는 같으나 모델 변동됨 따라서 예산초과 되었으나 목표는 달성됨	즉시	적정
4. 기대효과 평가	- 정상적인 생산활동과 품질, 납기보장 및 낭비제거 여부	- 정품의 사용으로 불량방지와 생산성 향상 - 정리정돈과 수불체계 정립의 기초가 확립됨	즉시	적정
5. 사후관리 평가	- 신규 시설명세표 작성 여부 - 신규 지그/공구/계측/운반구 명세표 작성 여부 - 자체 관리대장 만들어 비치하고 수불관리 여부 - 각 명세표 지원팀에 인계하여 자산등록 여부	- 정상으로 기간 내 완성되어 인수인계 및 수불체계 구축됨 - 명세표와 증빙서류 첨부하여 지원팀에 정상인계됨	즉시 실시	적정

5) 생산팀의 체크결과의 반영(ACTION)

구분	목표달성 항목 [표준화 및 업무규정 항목]	미달항목 [재계획 항목]	미실행 항목 [재실시 항목]
- 표준화 및 업무규정 제정	- 치, 공구/운반 구 수불체계 등	- 시장조사 결과 반영하여 미흡 및 부족 항목 보완 - 항상 최근의 관련정보 Up-date 필요	- 이번 과제 에서는 없음
승차/포상 반영 대상	해당자 성명 : 생산팀은 월별/분기별 또는 반기별로 평가하여 포상 할 수 있다. (승·진급은 정기과정)		
배치/퇴출 반영 대상	해당자 성명 : 생산직 사원은 행동항목별 성과에 따라 상황별로 조 정하고 배치한다.		
교육/훈련 반영 대상	해당자 성명 : 신입사원이거나 새로운 기능으로 배치 시 또는 생산/품질지도서가 보완될 때마다 교육한다.		

4. 자재팀

=긴급과제와 해결방안 발표

자재/구매팀의 최우선 과제는 내·외부로부터 품질 좋은 원자재와 부품을 적기에 합리적인 가격으로 조달하여 생산에 차질이 없도록 지원하는 것이고, 효과적인 발주 및 재고관리를 통하여 목표 자재비를 달성하고 불량, 진부화를 막아 제품의 안전과 성능을 보장하는 것이다.

따라서 우선적으로 아래 1개의 긴급과제를 선정하고 추진토록 하였다.

1) 자재팀의 긴급과제(PLAN)

긴급과제	해결 방안	목표기간
1. 장기유휴 자재의 정리	- 장기유휴 원·부자재, 재공품의 선별/정리/정돈/청소/폐기	1개월 내

2) 자재팀의 실행과 그 공정도(DO)

☎ 업무기획 및 실행요령

[☀ 상상의 날개를 펴라]

⑴ 먼저 장기유휴품의 정의를 한다.

=불량품/모델변경으로 못 쓰게 된 것/변형, 진부화된 것 등

⑵ 작업방법을 강구한다.

=자재명세서 중심/없으면 현품 중심으로 작업하면서 반제품/재공품/원자재 등으로 분류하여 리스트 업 하도록 한다.

⑶ 추진일정과 소요인원 및 예산을 수립한다.

=일정별 과제별 소요인원을 작성하고 작업에 필요한 비용[봉투/운반기구/장갑/펜/꼬리표 등]을 계산한 후 팀장과 협의하고 타 부서의 협조를 요청한다.

⑷ 선별 후의 처리방안을 강구한다.

=고물상에 판매 가능한 것[철/구리/전선/상자 등]과 폐기처분할 것을 구분하여 보관위치를 정한 후 청산 이벤트를 기획한다.

⑸ 애로사항과 대책을 강구한다.

=작업에 장애가 되는 애로사항을 파악하여 팀장과 협의[팀 구성/협조 사항 등]하여 사전에 대책을 강구한 후 품의한다.

⑹ 사후관리를 철저히 한다.

=정상제품/반제품/재공품/원자재는 각각 명세서를 만들어 지원 부서에 자산으로 등록하고 팀에서도 수불 관리한다.

(7) 위의 사항들을 정리하면 아래 표와 같으며 행동목록을 실행하면 과제가 해결된다.

이상의 여러 과제 중 "장기 유휴자재의 정리"를 기본모델로 선정하고 아래와 같이 실행실습을 하였다.

◆ 자재팀의 실행공정도(DO)

과제의 실행공정도	행동(실행)목록	시간목표
1. 장기 유휴자재 처리	장기 유휴 원부자재/불량품 선별 등록 및 폐기처분	2개월 내
2. 예상하는 기대 효과는	- 불요불급한 원·부자재의 일소와 여유 공간 확보 및 보관비 절감 - 수불관리체계의 정립과 입출고 창고환경 개선 - 40년 누적된 낭비와 병폐의 청산 - 각자의 잘못을 반성하고 새로운 각오로 새 출발 다짐	
3. 예상되는 장애요인과 그 대책은	- 장기간 누적된 유휴품의 해체/이동-선별정리/ 정돈하는 문제(선반과 기구) - 다른 팀의 협력여부 - 선별된 폐품의 처리방안-재사용/매각/ 폐기여부 결정 오랜 기간 누적된 많은 양의 선별 작업의 어려움 - 재정리 및 정돈/적치 장소 문제 - 적치대와 보관함은 추가로 구입 검토 - 폐기품의 재활용 방법	일주일 내

4. 추진 행동목록	중·소분류	
1] 장기 유휴재고 청산	- 일정별 작업계획 수립 품의 - 승인내용 각 팀 회람-각 팀 협조요청-팀 구성-역할부담 - 선별작업 실시= 양품과 폐품 명세서 작성 보고 및 처리 품의 - 양품 및 고물 처분 후-경리과 보고 - 팀의 대장정리 등록-경리부서 자산등록 - 불량품 전사 폐기 화형식 거행	전체 30일 이내
5. 장애요인 극복결과 평가	언제 어디서 누가 왜 어떻게 해결하였는가?	
6. 사후관리 평가	- 각각의 양품 명세서 작성-경리과 보고 여부 - 각각의 폐기품 명세서 작성-경리과 보고 후 폐기처분 여부 - 각각의 양품 수불부 작성-자체관리 여부	즉시

3) 자재팀의 실행분석과 평가(CHECK)

긴급과제1	행동목록	분석/평가	시간목표	체크
1. 장기유휴자재의 처리	- 장기유휴 원부자재/불량품/진부화 등 선별/정리/정돈 - 자산등록 및 폐기	- 정상적으로 진행되고 완료됨 - 전산화 실현 - 40여 년 누적병폐 청산	2개월 내	적정
2. 행동목록 평가				
1] 장기유휴자재의 정의와 작업계획 수립	- 정의 및 작업방법 결정 - 작업일정 수립 - 투입인원과 팀 구성 - 작업비용 산정	- 처음이고 지원 인원의 경험부족으로 다소 순조롭지 못함	1주일 내	적정

2] 장기재고와 유휴/불량재고 분류/선별/처리	- 창고 선반/보관함 내용물 1:1해체 - 양품/불량 품/유휴재고선별=명세표작성 - 양품은 선입선출 가능하도록 위치표시 및 정리, 정돈 - 불량, 유휴품은 별도 집하-폐기 이벤트 실시 후 고물처리 - 양품명세서와 폐기품 명세서 작성	- 너무 오래된 재고라 선별에 애로가 많았음 - 다량의 불량/유휴품을 목격하고 경악을 금치 못함 반성의 기회가 됨	1주일 내 1개월 내 2주일 내 1주일 내	적정 적정 적정 적정
3. 장애요인과 그 대책 평가	- 오랜 기간 누적된 많은 양의 선별작업 어려움-타 부서 협조 필요 - 재정리/정돈 장소 문제 - 창고 활용 방안 - 폐기품의 재활용 방법 강구	- 각 팀의 적극적인 협조로 해결됨 - 2동의 창고를 확장하여 사용함 - 적치대와 보관함은 추가로 구입 사용 - 철, 구리 등 소량에 한정되어 다른 폐자재와 함께 폐기처분	즉시	적정
4. 기대효과 평가	- 40년 병폐(낭비)의 청산 기회 - 3정5s의 생활화로 Q.C.D 확보는 물론 건전한 직장풍토 조성 - 각자의 잘못으로 돈이 타 버리는 화형식을 통한 반성과 새로운 각오	- 창고 환경개선과 공간 확보=비용절감/재고관리 개선과 낭비 제거효과 - 수·발주 낭비 개선 - 경각심 고취와 원가절감	즉시	적정

도산회사 살리기

| 5. 사후관리 평가 | - 명세표 입력-수불 관리
- 각각의 명세표에 따라 재고자산 등록 및 세무 처리 | - 명세표 기준으로 새 수불부 작성관리
- 명세표는 지원부서에 인수인계(서) 작성
- 자산등록 및 세무 처리 | 즉시 | 적정 |

4) 자재팀의 평가결과의 반영(ACTION)

구분	목표달성 항목 [표준화 및 업무규정 항목]	미달항목 - 재 계획 항목- 미흡 및 부족항목 보완	미실행 항목 [재실시 항목]
★ 표준화 및 업무규정 제정	- 자재관리시스템 표준화 및 전산화 - 수·발주 시스템 표준화 및 전산화	- 항상 최근의 관련 정보 Up-date 필요	- 이번 과제에서는 없음
★ 승차/포상반영 대상	해당자 성명 : 각 팀 협조로 전사적 행사이므로 완료 후 회식		
★ 배치/퇴출반영 대상	해당자 성명 : 해당 무		
★ 교육/훈련반영 대상	해당자 성명 : 현장자료(정보)는 발생 즉시 현장 In-put 교육		

5. 품질관리팀

=긴급과제와 해결방안 발표

품질팀의 최우선 과제는 생산라인의 품질은 물론 외부 조달품의 수입검사 표준을 엄격히 준수하여 사전에 불량품을 해소하고 품질비용을 최소화하는 것이다.

따라서 품질관리용 기자재의 보강을 과제로 정하고 해결방안을 추진하기로 하였다.

1) 품질관리팀의 과제선정(PLAN)

긴급과제	해결방안	목표기간
1. 품질관리용 기자재 보강	보유 현황표 만들고 교체 및 보완품 품의	1개월 내

2) 품질관리팀 과제실행 공정도 작성(DO)

이상의 여러 과제 중 "품질관리용 기자재 보강"을 모델과제로 선정하고 아래와 같이 실행실습을 하였다.

☎ 업무기획과 실행요령

[☀ 상상의 날개를 펴라]

(1) 우선 품관팀이 자체 사용할 검사기기를 점검한다.

- 현재 보유 중인 기기명세표 작성[품명/규격/용도/메이커/구입연도/ 양·불량 판정]

- 교체/신규구입 리스트 작성

(2) 생산부서용 검사기기를 점검한다.

- 현재 보유 중인 생산현장 기기명세표 작성[위와 동일하게]

- 교체/신규구입 리스트 작성

(3) 수입검사용 검사기기를 점검한다.

- 현재 보유 중인 외주·수입검사 기기명세표 작성[위와 동일하게]

도산회사 살리기

-교체·신규 구입리스트 작성

(4) 애로사항과 대책을 강구한다.

- 최신 검사장비와 기기를 검색한 다음 품의하고 구매부서로 요청한다.

- 사전에 예산을 품의 획득한다.

(5) 사후관리를 명심하여 실천한다.

- 각각 구입 정리되면 명세표와 관리대장을 만들어 사후 관리한다.

- 각각 구입 정리된 명세표는 반드시 경리과로 통보하여 자산으로 등록
  한다.

◆ 실행공정도의 작성(DO)

과제의 실행공정도	행동목록	시간목표
1. 품질관리용 기기의 정비	- 자체 기기의 정비와 보완 - 생산용 기기의 정비와 보완 - 수입검사용 기기의 정비와 보완	15일 내
2. 기대되는 효과	- 불량품 감소와 원가절감 - 최신기기 배치로 능률향상	
3. 애로사항과 대응책 강구	경험부족과 최신기기의 탐색 문제 - 예산확보	즉시
4. 행동목록	중·소분류	
1] 생산 및 부품의 검사기기 정비	- 각각의 기존 보유명세서를 작성한다. - 기존명세를 평가/판정→양품/불량품/ 페기품으로 구분한다. - 교체/신규 구입리스트를 작성, 품의한다. - 구매부서에 구매 의뢰한다.	15일 내
5. 애로사항 해결 여부	누가 왜 언제 어디서 어떻게 해결하였는가?	

6. 사후관리 대책 여부	- 명세표와 관리대장 작성하여 사후관리 - 명세표는 경리부서에 반드시 이관하여 자산으로 등록한다	즉시

3) 품질관리팀의 실행체크와 평가(CHECK)

긴급과제1	행동목록	분석/평가	시간 목표	체크
1. 품질관리용 기기의 정비 1] 자체용 2] 생산용 3] 수입검사용	- 각각의 보유명세서 작성 - 기존명세서 평가·판정 (양품/불량품/폐기 구분) - 교체/신규 구입리스트 작성, 품의 - 구매부서에 구매의뢰	- 관리대장/수불부→모두 새로 작성하여 수불하고 관리하게 됨	15일 내	적정
2. 추진 행동목록	중·소분류			
1] 품질관리용 검사기기 점검, 파악	- 품질팀전용 검사기기의 명세표 작성	- 수선, 보충됨 - 새로 작성되어 수불관리 가능해짐	15일 내	적정
2] 생산용 검사기기 점검, 파악	- 생산용 검사기기의 명세표 작성	상동	15일 내	적정
3] 수입검사용 기기 점검, 파악	-수입검사용 검사기기의 명세표 작성	상동	15일 내	적정
3. 장애요인과 대책에 대한 평가	- 최신기기의 탐색 문제 - 예산확보 - 경험부족과 최신기기의 탐색문제	- 동종/대체품으로 확보 - 추가예산 확보	즉시	적정

도산회사 살리기

4. 기대효과 평가	- 오차/불량 방지 - 최신기기 보완과 수불관리	- 불량품 감소와 원가절감 - 최신기기 배치로 능률 향상 - 수불관리의 정착	즉시	적정
5. 사후관리 평가	- 명세표와 관리대장 작성하여 사후관리 여부 - 명세표는 경리부서에 이관하여 자산으로 등록 여부	- 명세표와 관리대장은 팀에서 수불관리 - 명세표는 경리부서에 이관하여 자산으로 등록함	즉시	적정

4) 품관팀의 실행결과의 반영(ACTION)

구분	목표달성 항목 [표준화 및 업무규정 항목]	미달항목–재 계획 항목- 미흡 및 부족항목 보완	미 실행 항목 [재실시 항목]
★ 표준화 및 업무규정 제정	- 검사기기의 관리체계 확립과 전산화	- 항상 최근의 관련 정보 Up-date 필요	- 이번 과제에서는 없음
★ 승차/포상 반영 대상	해당자 성명 : 해당 무		
★ 배치/퇴출 반영 대상	해당자 성명 : 해당 무		
★ 교육/훈련 반영 대상	해당자 성명 : 신규품목 입고 시와 신입사원 입사 시 사용현장 교육		

6. 연구소팀

=긴급과제와 해결방안 발표

연구소의 최우선 과제는 판매경쟁에서 지장을 초래하고 있는 구형제품과 부족한 구색제품들을 단시일에 개발, 보완하는 것이며 나아가 시장환경과 기술진보에 입각하여 중장기적으로 R&D 로드맵을 만들어 경쟁우위에 대비하는 것이다.

1) 연구소의 긴급과제(PLAN)

긴급과제	해결방안	목표기간

1. 개발 로드맵
작성과 외주개발
	- 영업부서와 협의-경쟁사 대비 및 상품력 보강
	  위한 제품개발 로드맵 작성
	- 퇴사한 연구소팀과 협의-개발과제/비용/기간/
	  지적재산권 등 계약조건 협의
		1개월 내

2) 연구소의 과제실행과 공정도 작성(DO)

연구소의 긴급과제는 경쟁사 대비 가장 시급한 구색상품의 로드맵 작성과 그 개발 우선순위에 따른 제품개발이므로 다음과 같이 추진하였다.

※ 개발 로드맵은 제품의 Life Cycle에 따라 아래와 같이 제품이 변해야 한다.

제품 라이프 사이클(도입기)	성장기	성숙기	쇠퇴기

도산회사 살리기

기본제품	고도화/응용 제품	다기능/융합 → 신제품	철수/신제품

이상의 내용은 하나의 제품이 고객/시장의 욕구변화와 기술변천 및 경쟁상황에 따라 끊임없이 보강, 추가되어 고객(시장)으로부터 계속 사랑받도록 개선하고 혁신되어야 함을 의미한다.

우선 1차적으로 영업 활성화를 목표로 세트화 제품을 개발하여 상품구색을 맞추도록 하며 차후 당사가 성장/발전해 나가기 위한 장기상품 로드맵은 마케팅전략을 수립하면서 작성토록 한다.

※ 1차 제품개발 로드맵

3) 연구소의 과제선정과 실행공정도(DO)

☎ 업무기획과 실행요령

[☀ 상상의 날개를 펴라]

(1) 우선 영업부서와 협의하여 경쟁사 대비 및 상품력 보강 위한 제품개발 로드맵을 작성한다.

(2) 로드맵에 따라 자체개발 불가한 모델을 우선순위를 정하여 외주개발을 추진한다.

➡️퇴사팀과 협의 - 개발과제/비용/기간/지적재산권 등 계약조건을 협의한다.

(3) 현재의 개발공정별 문제점을 분석하여 개발 프로세스를 혁신하고 4
　　개월 내 개발완성 시스템을 구축한다.

(4) 자체개발을 위한 최신 R&D 기기를 구비하고 개발인재를 육성한다.

(5) 애로사항과 대책을 강구한다.

➡️최신 R&D장비와 기기를 검색하는 문제

➡️예산을 확보하는 문제

➡️외주계약서 작성과 지적재산권 확보 방안

(6) 사후관리를 명심하여 실천한다.

➡️기기명세표와 관리대장을 만들어 사후 관리한다.

➡️구입 정리된 명세표는 반드시 경리과로 통보하여 자산으로 등록한다.

과제의 실행공정도	행동목록	시간목표
1. 개발로드맵 작성과 외주개발	- 경쟁사 대비 상품 및 모델 믹스표를 영업팀과 협의 작성한다. - 개발 우선순위를 결정하고 개발예산을 품의한다. - 외주업체와 공동개발을 합의하고 추진한다.	15일 내
2. 기대되는 효과	➡️ 마케팅 전략과 R&D 방향정립 가능 ➡️ 판매 활성화 기대 - 매출이익 향상 ➡️ 개발경험 획득과 개발 원천기술 확보	
3. 애로사항과 대책강구	➡️ 영업부서의 지원과 협조 문제 즉 비교대상 시장과 경쟁사 개념 부족 ➡️ 우선 자체개발 원천기술이 없다는 점 ➡️ 외주업체의 신용/비밀유지/특허권 문제 ➡️ 연구소 직원의 CAD & CAM 실력과 능력향상 문제	
4. 추진 행동목록	중·소분류	

1] 경쟁사 및 참여시장 정의 2] 경쟁사 대비 제품 및 모델믹스 조사 3] 개발 우선순위 결정 4] 신규개발 제품 및 모델 확정 5] 외주개발 협의 및 계약/실행 6] 자체개발 프로세스 정립 7] 개발참여 및 기초교육 위탁 8] 최신 R&D 기기 확보	- 우선순위에 따라 개발모델 순위를 결정한다. - 개발 역할분담 및 일정/계약조건을 협의한다. - 견적요청하고->조정 및 품의->계약서 작성한다. - 발주->개발 실시하고 참여한다. - 혁신적 R&D 공정구축=개발공정 기획-제품과 모델 결정-개발 소요시간과 인원 예측 ->1차 시장 검증 후->공정별 최단 시간 설정[특히 CAD&CAM 시간과 금형 제작기간] ->2차 목표대비 검증하고 확정한다 -최신 CAD & CAM 기기검색 및 시장조사하여 견적하고 구입 품의한다.	10일 이내 4개월 내 개발목표 10일 이내
5. 애로사항 해결 여부	누가 왜 언제 어디서 어떻게 해결하였나?	
6. 사후관리 여부	= 계약서/세금계산서 첨부 지원부서 이관필수 = 개발 완료된 금형 및 지적재산권 등록 = 구매, 입고된 개발기기 자산등록 = 연구소 자체 관리대장에 등재하여 관리	

4) 연구소의 실행분석과 평가(CHECK)

긴급과제	행동목록	분석/평가	목표일정	판정
1. 개발 로드맵 작성과 외주 개발	- 경쟁사 대비 상품 및 모델 믹스표를 영업팀과 협의 작성한다. - 개발 우선순위를 결정하고 개발예산 품의한다. - 외주업체와 공동개발을 합의한다.	- 영업팀과 협의하였으나 경쟁사 및 시장의 상품정보 부족으로 지연됨 - 개발조건/기간/특허/기술 전수 등 이견 있었으나 옛정으로 해소됨 - 개발 우선순위를 결정하고 품의하여 외주업체에 개발 의뢰함	15일 내	10일 지연

2. 추진 행동 항목	중·소분류			
1] 경쟁사 및 참여시장 정의 2] 경쟁사 대비 제품 및 모델 믹스 조사 3] 개발 우선 순위 결정 4] 신규개발 제품 및 모델 확정	- L사를 기준으로 참여시장을 공유 - 경쟁사 카탈로그 Sample 구입 - 우선순위에 따라 개발모델 순위를 결정한다.	우선 업계 1등 회사 제품 및 모델믹스만 비교하였고 시간이 없어 서울과 부산 위주로 조사함 - 외주개발 업체의 과부하로 영업활동에 지장이 되는 세트화 제품(모듈)을 우선하여 2개 제품 5개 모델만 확정함	15일 내	적정
5] 외주개발 협의 및 계약/실행 6] 자체개발 프로세스 정립	= 개발 역할분담 및 일정/계약조건을 협의한다. - 견적요청하고->조정 및 품의->계약서 작성한다. - 발주->개발 실시하고 참여한다. ➡ 혁신적 R&D 공정 구축 = 개발공정 기획-제품과 모델 결정-소요시간과 인원 예측->1차 검증후->시장조사 실측 [특히 CAD/CAM 시간과 금형 제작기간]->공정별 최단시간 설정->목표 대비 검증 후 확정한다.	- 개발 프로세스를 공정별로 협의하여 개발기간을 5개월로 정함 - 서울/부산=금형/공구 제작 밀집지역 탐색->상담/협의	15일 15일 15일	이하 적정

7] 개발참여 및 기초교육 위탁	- 참여조건/장소/ 기간/예산 등	- 약정서에 포함	즉시	적정
8] 최신 R&D 기기 확보	➡ 최신 CAD & CAM 기기 검색 및 시장조사하여 견적하고 구입 품의한다.	- 조사, 품의하여 비치하고 교육하고 실습함	1개월	적정
3. 장애요인과 대책평가	= 영업부서의 지원과 협조문제 즉 비교대상 시장과 경쟁사 개념 부족 = 우선 자체개발 원천기술이 없다는 점 = 외주업체의 신용/ 비밀유지/특허권 문제 = 연구소 직원의 CAD & CAM 실력과 교육애로 =동시다발 개발에 따른 예산문제	- 시장조사를 통하여 비교대상과 경쟁개념을 확립할 수 있었음 - 외주개발을 통하여 좋은 개발경험을 쌓게 되었고 당사에 있었던 동료들이라 순조롭게 진행됨 - 연구소 직원의 기초지식이 부족하였으나 상호협조로 잘 극복됨 - 예산문제는 없었음	1개월	적정
4. 기대효과의 평가	- 마케팅 전략과 R&D 방향 정립 가능 여부 - 판매 활성화 기대 -개발경험 획득과 개발 원천기술 확보	- 마케팅 전략과 R&D 방향 정립이 가능하게 되었고 - 영업활동에 지장이 없게되어 판매활성화가 기대됨 - 원천기술 확보에는 많은 시간 필요함	즉시	적정

5. 사후관리 평가	= 계약서/세금계 산서첨부 지원부 서 이관 = 개발 완료된 금 형 및 지적재산권 등록/보관 = 구매, 입고된 개 발기기 자산등록 = 연구소 자체 관 리대장에 등재하 여 관리	모두 완료함	즉시	적정

5) 연구소팀의 실행결과의 반영(ACTION)

구분	목표달성 항목 [표준화 및 업무 규정 항목]	미달항목 [재계획 미흡/ 부족항목 보완]	미 실행 항목 [재실시 항목]
★ 표준화 및 업무규정 제정	개발 프로세스 표준화 및 규정	개발 프로세스 최 신으로 업데이트	원천기술 확보
★ 승차/포상 반영 대상	해당자 성명 : 개발 참여자 모두에게 포상		
★ 배치/퇴출 반영 대상	해당자 성명 : 해당 무		
★ 교육/훈련 반영 대상	해당자 성명 : 개발참여를 통한 기술습득과 위탁교육 실시		

▶ 이상과 같은 복잡한 절차를 고집한 이유는 처음부터 업무실행 프로세스를 공유하여 스스로 잘할 수 있도록 습관화하기 위함이며, 다른 팀의 업무는 어떤 것이며 어느 업무공정에서 서로 협력해야 하는지 등을 알게 되고 이것은 곧 팀별 자율관리의 기초를 확립하는 계기가 될 것이다.

▶이상과 같은 업무실행 프로세스를 기반으로 각 팀별로 자율적으

로 추진해 나가도록 독려하고 매주 월요일 아침 8시 조기 출근시켜 CEO 주재로 각 팀별 주간회의를 실시하여 진행을 줄기차게 보강하면서 체크해 나아갔다.

만일 CEO가 중간에 체크를 게을리하면 원점으로 돌아가기 때문에 괴롭더라도 습관화될 때까지 리드해 나가야 자율관리가 정착될 수 있음을 명심해야 한다.

☎ 이제 전사과제를 선정하고 각 팀이 대표과제 하나씩을 기획하여 계획을 세우고 실시하고 평가하여 피드백 하는 관리 사이클을 경험하게 되었는데, 그 사이 벌써 열정의 30일이 또 지나갔습니다. 그러나 실습하다 보니 관리의 기본은 물론 해당 직무, 사명, 핵심역량 및 추진 프로세스 등 알지 못하는 것이 많아 다시 강행군을 시작해야 했습니다.

☎ 제3차 조찬교육
=감동교육의 새로운 방향 제시=

◆ 목차

1. 감동교육의 필요성

2. 감동의 개념

3. 감동교육의 목적과 비전

4. 감동교육의 목표 = "가장 친절하고 깨끗한(양심) 회사"

5. 앞으로의 추진전략

1. 감동교육의 필요성

1) 이 교육은 회장이 당사를 인수하면서 부도여파로 어려움을 겪고 있
   는 임직원과 그 가족을 위하여 특별히 시작한 인성교육이었으나 내용
   과 방법을 보완할 필요가 생김

2) 정보 및 지식사회에 부응하는 감동교육의 목적과 목표를 재정립할
   필요가 있고

3) e-biz 시대에 진입하면 소비자 Power가 커지고 확장되므로 여기에
   대응하기 위하여 감동경영이 더욱더 중요해짐

4) 시장조사 결과에 따라 지적되고 건의된 사항을 수용하려는 차원에서
   실시함

2. 감동의 개념

1) 정의

= 깊이 느껴 마음이 움직이는 것

= 내가 베푼 정이나 마음 또는 내가 지불한 가치를 뛰어넘는 반응

= 예상 못했던 기대 또는 예상을 뛰어넘는 대가, 양보, 봉사

2) 반응의 크기

= 감사 < 감격 < 감탄 < 감동

= 참고 : 감격-몹시 고맙게 느낌/감탄-감격하여 찬탄함

3. 감동교육의 목적과 비전

1) 고객감동 실현을 통한 경쟁력 확보와 기업의 무궁한 발전

2) 직원(개인)의 정신건강 함양과 건전한 삶 그리고 행복추구

4. 감동교육의 목표 = "가장 친절하고 깨끗한(양심) 회사"

1) 기업의 경쟁력 확보와 경영목표 달성

2) 개인(직원)의 꿈과 보람의 일터 실현 즉 이상 2개 항의 균형과 일치

5. 앞으로의 추진전략

5-1. 전략

⑴ 친절, 청결, 질서운동 전개->의식개혁(3정5s 연계) = 기업문화로 정착

⑵ 품성, 변신교육 강화 = 강사/비디오/견학/실습-이웃돕기/자선바자/

환경보호 등

(3) 고객의 소리 경청(Home Page/신문고 등) 제도 정립

(4) 내·외 고객의 감동지수 개발(불만지수/만족지수)과 공정한 평가 포상

　제도 정립

5-2. 실행계획 수립

(1) 교육일자와 시간 = 매월 2, 3주 토요일(07:00~08:00)

(2) 친절, 청결, 질서운동의 구체화 - 각 팀별 역할배분(3정5s 연계)

(3) 교과편성

= 인성 교육 50% - 효행/친절/청결/질서/봉사/배려 등

= 사회/문화/역사 등 30%

= 경영/경제 지식 등 20%

(4) 전문과정과 일반과정 = 사내 초청 교육과 전문기관 위탁

(5) 과제별 평가(요소개발) = 참여도/열성도/기여도/배려도/시간준수 등

(6) 공정한 평가와 포상 = Feed Back - 관리Cycle화 - 기업문화로 정착

☞ 개인포상 = 티켓, 휴가, 승·진급 등

☞ 단체포상 = 티켓, 보너스, 여행 등

(7) 주관부서 = 경영지원팀

이상과 같이 교육하고 성실하게 추진하여 새로운 기업문화 즉 학습문
화/창의문화/성과문화를 만들어 나아가기로 함께 결의하였다.

제3장 2차
30일간의 열정

오늘의 명언

HP는 일찍부터 적극적이고 창업가적인 문화를 증진시키기 위해서 "목표를 분명히 정의하고 합의를 도출한 후 직원들에게 자기 분야에서 목표를 달성하는 데 최선의 방법을 결정할 수 있는 융통성을 제공하라."라는 자율목표 관리방식을 채택해 왔다. 또한 관리자들이 사전에 계획된 일정표에 의해서가 아니라 언제든지 현장에 직접 나가 관찰하면서 구성원들과 친근하게 이야기를 나누는 '배회관리(MBWA)'를 실시함으로써 직원들의 자유로운 의사개진 및 적극적인 참여를 장려하는 기업문화를 구축하였다.

제1절

자율관리 시스템의 기본 정립과 장단기 과제 정리

소통의 시간 = 너무 많은 업무를 빠르게 진행하다 보니 팀 간 이간이 생기고 추진진도도 차이가 나면서 피로가 쌓이고 불평불만이 생겨나기 시작하므로, 이것을 조정하고 서로 협력하는 분위기를 조성하기 위하여 매일 출근 즉시 팀장만 소회의실에 모여 커피를 즐기면서 자유롭게 터놓고 소통/조정하는 시간을 갖기로 하였다. 여기서 우리는 공통된 애로사항을 확인하였는데 즉

1) 팀장은 물론 직원들도 자기부서가 수행해야 할 직무와 그 범위는 물론 존재목적이나 사명도 모르고 있다는 점

2) 또한 그 직무를 수행하는 데 필요한 핵심역량과 프로세스도 확립되어 있지 않다는 점이며 따라서 이번 4/4분기 사업계획 수립을 계기로 각 팀별로 분임토의를 거쳐 자기 팀의 존재이유와 직무 및 필요역량을 스스로 정립해 보기로 하고 이어지는 내용들과 같이 추진하였다.

3) 이것을 계기로 각 팀의 성공비전과 로드맵도 함께 연구하여 앞으로 회사의 발전과 더불어 자기의 발전도 함께 이루어지도록 기본 경영관리의 나침판을 만들도록 하였다.

1. 팀별 직무와 사명 그리고 핵심역량 알아보기

1-1. 경영지원팀

1) 직무/미션/사명 및 핵심역량의 정의

▶직무란 각 해당부서가 해야 할 일거리이며, 미션이란 그 직무를 수행해야 할 의무라 할 수 있고, 사명은 책임에 해당한다. 핵심역량이란 미래 성장 동력이 되는 기업 내부의 공유된 기업 특유의 통합된 능력(지식, 기능, 기술, 문화 등)을 말하며 프로세스디자인은 업무를 누락 없이 능률적으로 빠르게 수행하는 추진과정(순서)을 의미한다 (회사마다 차이).

▶여기서는 요점만 아래와 같이 정리하나 각 회사별로 좀 더 구체적으로 기술하여 직원들이 정확하게 인식하고 실천할 수 있게 해야 한다.

☞ **팀의 직무와 그 범위**	1. 총무/인사 ☞ 인사관리/자산관리/노조관리/법무 · 병무행정관리/교육훈련관리/방범 · 방화관리/내외행사 주관 등
	2. 경리/재무 ☞ 자금관리[입출 · 채무 · 채권]/세무회계관리/투자관리/납세행정/경영정보제공/ 예산관리 등
☞ **팀의 존재목적과 미션**	1. 총무/인사 ☞ 우리 팀은 사업시스템상 중심이 되는 부서로서 타 부서의 신속 원활한 업무집행을 위해 적시에 필요한 인적·물적 자원과 행정을 지원하여 회사발전에 기여한다.

	2. 경리/재무 ☞ 적시에 양질의 재무자원을 확보하여 사업운영을 원활하게 지원하며, 예산에 입각한 자금의 입·출금을 정확하게 파악 하여 세무, 회계에 반영하고 손익을 명확히 하며 ☞ 신속하고 정확한 경영정보를 제공하여 경영진의 신속한 의사결정에 기여한다.
☞ 팀의 핵심역 량 정의	1. 총무/인사 ☞ 인사관리의 전문지식/노동법 등 관계법령에 대한 전문지식 ☞ 인재의 발굴과 육성 노하우
	2. 경리/재무 ☞ 세무, 회계의 전문지식/경영분석 기술/자금조달 노하우
☞ 주요업무의 프로세스 디 자인	☞ 대표적으로 총무/인사는 = 채용과 인사고과 프로세스 디자인을 ☞ 재무부서는 = 원시 전표작성 및 운영프로세스 디자인을 해보도록 한다.

2) 팀의 장기발전 로드맵

▶ 여기서 특히 강조하고 싶은 것은 각 팀별로 "팀의 장기발전 로드맵"
과 "나의 장기발전 목표"도 작성해 보는 것이다.

1-2. 영업팀

1) 팀의 직무/미션/핵심역량

팀의 직무와 그 범위	= 시장조사[시장특성/고객/경쟁사]/M전략 수립/ 판매 와 수금/채권관리/시장개척/거래처관리/광고·홍보 관리/영업인사와 평가/교육훈련/영업이익 관리/예산 수립과 집행/제품재고와 배송관리/A·S관리 등

팀의 존재목적과 미션	= 우리는 회사를 대표하는 첨병으로서 매출과 수금을 위해 존재한다. = 우리는 고객의 취향에 부응하여 경쟁력 있는 가치(제품믹스)를 제공하며 우리만의 빠른 기동력과 의사결정을 무기로 기존시장을 조기에 탈환하여 매출목표를 달성한다.
팀의 핵심역량	= 우리만의 팀워크와 영업관리 노하우 = 신규 시장개척 노하우 = 우리만의 고객 Chain화 노하우 등
중요업무의 프로세스	= 수주/물류/배송프로세스 디자인 실습

1-3. 연구소팀

1) 팀의 직무/미션/핵심역량

팀의 직무와 그 범위	- 제품 및 기술정보의 수집/정리/융합/활용 - 설계기술의 향상과 독자개발능력 확보 - 효율설계와 원가절감 설계 - 국제표준과 인증획득 - 능력향상을 위한 교육훈련
팀의 존재목적과 미션	- 원천 기술의 확보와 기술선도 - 제품개발의 Q.C.D 확보
팀의 핵심역량	- 원천기술 및 개발 리드타임의 획기적 단축기술
중요업무의 프로세스	- 획기적인 제품개발 프로세스 디자인

1-4. 자재팀

1) 팀의 직무/미션/핵심역량

팀의 직무	- 팀원의 인사관리 - 원·부자재 시장조사와 Q.C.D 관리 - 원·부자재 구매/조달과 그 예산관리 - 입·출고 및 재고관리 - 창고의 안전/화재 및 물류관리
팀의 존재목적과 미션	- 원·부자재의 원활한 조달과 Q.C.D 확보 - 원·부자재의 JIT화 달성
팀의 핵심역량 정의	- 원·부자재의 Q.C.D 확보 노하우 - 원·부자재의 JIT 화 기술 - 수·발주 시스템과 그 관리의 체계화 노하우
중요업무 프로세스	- 자재발주 프로세스의 혁신적 설계 실습

1-5. 생산팀

1) 팀의 직무/미션/핵심역량

팀의 직무	- 팀의 인사관리 - 제품의 양산관리 - 제품생산의 Q.C.D 확보 - 입·출고 및 보관과 물류관리 - 생산시설과 기계기구 관리 등
팀의 존재목적과 미션	- 지속 가능한 생산 활동 - 표준품질 보장/생산성 향상 추구/요구 납기준수
팀의 핵심역량 정의	- 가변 생산기술/다품종 소량생산 노하우
중요업무 프로세스	- 생산관리 프로세스 설계 실습

1-6. 품질관리팀

1) 팀의 직무/미션/핵심역량

팀의 직무	- 생산제품 및 원·부자재의 품질관리 - 작업표준과 품질표준 관리/품질통계와 비용관리 - 품질관리 기구, 기자재 관리 - 제조물책임법 및 품질관리법 준수 - 내외 품질교육
팀의 존재목적과 미션	- 불량예방과 신뢰성 구축 및 불량코스트 관리
팀의 핵심역량 정의	- PPM수준 품질관리 노하우 - 3정5s 추진 노하우
중요업무 프로세스	- 수입검사 프로세스 디자인 실습

2. 팀별 단기과제와 장기과제 정리하기

이제 기본을 배웠으니 그간의 사내 면담과 사외조사를 통하여 발굴한 과제들을 팀별로 압축하여 이미 긴급과제로 채택한 단기과제를 제외한 단기 및 장기과제를 아래와 같이 정리하고 전사과제와 그 계열화를 추진하여 일관성을 유지하도록 하였다.

결국 아래 장·단기 과제들은 자연스럽게 4/4분기 및 내년도 추진과제가 되어 두서없는 과제로 시간 낭비하지 않고 직무를 효과적으로 수행할 수 있게 된다.

사실 문제/과제를 알면 그 해결책은 반드시 있다. 과제의 중요도와 우선순위 그리고 시간이 중요하지 해결책은 큰 문제가 되지 않으며, 다만 해결책의 수준은 팀의 실력과 경험에 좌우될 수 있다.

2-1. 경영지원팀의 단기/장기 과제

팀의 단기과제	1. 총무/인사 업무 - 내년도 사업계획 및 예산수립 - 복리후생 및 사무환경 개선대책 - 노동법/소방법/예비군법에 따른 대책강구
	2. 경리/재무 업무 - 내년도 사업계획 및 손익계획 수립 - 실시간 현금흐름 대책 - 전표 및 세무/회계시스템 확립

| 팀의 장기과제 | 1. 총무/인사 업무
- 유능한 인재확보 및 자율형 인재육성 대책
- 성과문화의 확립과 공정한 평가 및 성과배분 대책
- 본사 공장과 건물 소유권 확보 방안 |
| | 2. 경리/재무 업무
- 세무/회계 관리시스템 확립
- ERP기반 정보화 투자계획
- 장기 건전 재무계획 |

2-2. 영업팀의 단기/장기 과제

팀의 단기과제	- 내년도 영업계획과 예산수립 - 영업관리 및 A/S 시스템 확립 - 영업소 및 지역별 대리점 개설계획 - 영업 물류체계 진단과 개선
팀의 장기과제	- 프로 세일즈맨 육성계획 - 해외 진출계획(1차 중국) - 시장조사와 신 마케팅전략 수립 - 영업이익 향상 대책

2-3. 자재팀의 단/장기 과제

팀의 단기과제	- 내년도 구매/조달계획과 예산수립 - 외주, 구매처의 실태파악과 업체조정 및 신규개발 - 안전재고 확보와 납기준수 계획
팀의 장기과제	- 구매/조달/재고관리 시스템 재설계 - 연도별 목표 재료비 및 무재고 목표달성 대책 - 구매원가 원천관리 대책 - ERP구축과 JIT화 대책

도산회사 살리기

2-4. 생산팀의 단/장기 과제

팀의 단기과제	- 내년도 생산계획과 예산수립 - 원가절감과 일일 양산대책 - 사출부품 자작시설 외주계획
팀의 장기과제	- 다품종 소량생산 체제 구축 = 셀 방식 - 목표 제조원가 달성 대책 - 생산 자동화 대책

2-5. 품질관리팀의 단/장기 과제

팀의 단기과제	- 내년도 업무계획 및 예산수립 - 사내외 표준정비와 3정5S 활동계획 수립과 실천 - PPM품질 및 비용관리 대책 - A/S지원 시스템 구축
팀의 장기과제	- KS 및 ISO 규격 인증계획 - 품질관리 대상 수상계획 - 품질관리기사 육성대책

2-6. 연구소팀의 단/장기 과제

팀의 단기과제	- 내년도 업무계획과 예산수립 - 연구개발 신 시스템 구축
팀의 장기과제	- 독자개발에 필요한 원천기술 확보 - R&D 인재육성 대책 - INNOBIZ 기업 인증계획 - 성장산업에 필요한 먹거리 발굴(자동차/태양광/항공기 등)

　자! 이제 각 팀은 각각의 기능과 사명 그리고 핵심역량을 스스로 정의하고 전사과제는 물론 각 팀별 단기와 장기과제를 도출하여 앞으로 각 팀이 스스로 집행해야 할 업무를 확인하였다.

즉 장·단기 과제의 발굴은 결국 각 팀과 팀원이 앞으로 해야 할 일을 결정하는 것이고, 이것을 월별, 담당별로 할당하고 권한과 책임과 예산을 부여하면 자연스럽게 자율관리의 기초가 되는 것이며, 긴급돌발 과제가 아니면 일일이 상사가 간섭하고 지시할 필요가 없게 된다.

그러나 우선 경영관리 시스템을 이해하고 습관화하여 추진하지 못하면 정상적인 관리가 불가능하므로 아래와 같은 경영관리시스템의 기본원리에 관한 교육을 실시하였다.

☎ 제4차 조찬교육

=경영관리의 정의와 자율관리 시스템의 학습=

◆ 목차

1. 관리의 정의부터 정확히 알아봅시다.

2. 관리 사이클과 계층별 책임과 의무를 정리해 봅시다.

3. 자율관리 체계의 진정한 목적은 어디에 있을까요?

1. 관리의 정의부터 정확히 알아봅시다

관리란 일정한 목적을 효과적으로 실현하기 위하여 인적·물적·시간적 여러 요소를 적절히 결합(계획)하여 그 운영을 지도·조정·통제하는 기능 또는 그 작용을 말한다.

Plan-Do-See(check)-Action의 관리 사이클을 반복하면서 완성되는데, 그 과정을 제대로 완결하지 못하여 수많은 시행착오나 낭비가 발생하고 있다.

따라서 이것을 제대로만 실천한다면 사업의 목표관리는 물론 임직원의 능력향상과 공정한 인사관리에도 무리가 없기 때문에 이것을 아래와 같이 체계화하여 실행토록 설명하였다.

2. 관리 사이클과 계층별 책임과 의무를 정리해 봅시다

경영관리를 잘하기 위해서는 경영관리의 계층별 업무와 그 권한 및 책임을 명확히 규정해야 중복이나 혼란을 막을 수 있기 때문에, 다음과 같이 계층별 책무를 정하고 사업계획에 반영하여 실천하도록 기준을 제시하였다.

여기서 중요한 핵심은 계층별 직급별 체크가 자칫 정보의 흐름이나 소통을 가로막아 개선이나 혁신을 불가능하게 만들어서는 곤란하다는 것이다. 즉 권위와 기득권에 안주하여 아래로부터 올라오는 중대한 정보나 안건을 대기시키거나 묵살하여 회사에 막대한 기회손실을 끼치는 경우가 비일비재하기 때문이다.

계층/관리	PLAN	DO	CHECK	ACTION
CEO계층	- 비전 제시와 경영철학(이념) 정립 - 경영전략과 방침 제시 - R&D 및 투자계획 제시 - 조직과 인재육성 방침 - 자금조달 등	본인 plan을 제시하고 집행한다.	집행결과를 확인하고 평가한다.	- 미달/미집행 사항을 피드백 한다. - 인사정책에 반영한다.
임원	- 사업계획과 목표 및 방침관리 - 예산과 이익관리 - 인사관리계획 - 조직/배치/평가/보상 - 연간 교육훈련 계획 등	사장의 방침과 목표를 계열화하여 제시하고 집행, 통제한다.	상동	- 상동 - 승차/승급/배치에 반영한다. - 교육훈련에 반영한다.
관리자	- 부서방침과 임무 및 실행계획 수립 - 목표관리와 예산관리(이익관리) - 업무 분장/평가와 보상계획 - 교육훈련 계획	임원의 방침과 목표를 받아 계열화하고 집행, 통제한다.	상동	상동

| 실무자 | - 개별임무와 연간
업무 일정계획
- 개별목표와 과제
의 집행 및 평가
- 자기계발과 교육
훈련 수강계획
- 자기평가계획 | - 팀장의 방
침과 목표를
받아 계열화
하고 스스로
집행, 통제
한다. | 상동 | - 스스로 평
가하고 반
성한다.
- 표준화한다.
- 자기개발
한다. |

이상의 계층별 체크시스템은 회사마다 그 업종이나 규모가 다르고 경영방법이 다르기 때문에 각 사는 실정에 맞도록 계층별 내용과 범위를 조정할 필요가 있을 것이다.

오늘의 명언

사람들을 돕기 위해 시작한 사업은 성공한다. 지금까지 돈을 벌 목적으로 시작한 사업은 하나도 없었다. 어떤 사업이든 '사람들이 필요로 하는 것을 제공할 수 있는 일인가? 우리 스스로도 자랑스러워할 수 있는 일인가?'라는 생각으로 출발한다.

그러면 돈은 자연스럽게 따라온다.

– 리차드 브랜슨, 버진 그룹 회장

3. 자율관리 체계의
진정한 목적은 어디에 있는가

자율관리의 목적은 Plan-Do-Check(See)-Action 순으로 경영목표나 과제를 추진하여 경영관리의 선순환 고리를 만드는 것이며 이 과정이 완성되면 사장이 부재중이라도 회사의 운영이 중단 없이 운영되는 경영시스템을 말한다. 즉 자율관리의 진정한 목적은 사장이 없이도 정상적으로 운영되는 회사를 만드는 것인데, 이렇게 잘 가꾸어놓아도 사장이 바뀌면 그 기본 틀을 유지발전 시키지 못하고 개인의 취향에 따라 제자리로 돌아가는 회사가 대부분이다(경험).

따라서 자율관리란 자유의사 즉 자기의지로 업무를 추진하는 것을 뜻하기 때문에 간섭이나 강제(명령)가 개입되면 언행불일치가 일어나 신뢰가 위협받게 되고 소기의 성과를 기대할 수 없게 된다.

여기서 특히 주의할 점은 자율관리 체계를 정립하기 위해서는 우선 목표와 과제가 SMART하게 작성되어야 하고 이것을 달성하는 데 필수적인 책임과 권한 및 예산 집행권을 부여해야 진정한 자율관리가 성공할 수 있다는 것이다.

결론적으로 ERP기반의 경영시스템을 완성한다는 것은 언제, 어디서 누구나 실시간으로 정보를 IN-Put하고 검색하고 확인하여 전사적인 손익관리가 가능하도록 시스템경영을 운영하는 데 있다.

여기서 잠시, 권한에는 두 가지가 있는데. 하나는 양의 권한이고 다른 하나는 부의 권한이다. 양의 권한은 무한대로 쓸 수 있는 것이고 부의 권한은 통제를 받는 권한인데 대부분 직원들은 권한이 없다고 말한다. 즉 은행에서 전보다 저렴한 융자를 받거나 영업직원이 정가보다 비싸게 파는 것은 통제가 필요 없는 무한권한이며, 정가 이하로 판다든지 전보다 높은 이자로 차입하는 것은 통제 받는 권한이니 가성비가 높은 양의 권한을 최대로 발휘하여 회사에 기여하자.

제2절

전사의 방침과 팀별 목표 및 과제 계열화 실습

1. 왜 계열화가 필요한가?

계열화는 앞서 설명한바 있지만 회사가 추구하는 목표나 과제를 CEO로부터 담당직원에 이르기까지 담당직무에 적합하도록 배분, 연결하는 것을 말한다. 이것이 미숙하거나 잘못되면 소기의 목표를 달성할 수 없거나 부실해질 수밖에 없고 경영관리의 의미가 없게 되는 것이다. 물론 담당직무별로 독립적으로 일어나는 목표나 과제도 있고 계열화 목표나 과제 속에서 개별적으로 파생되는 것도 있지만, 전사의 성과목표나 과제는 반드시 계열화되어야 하고 그것을 순차적으로 통제하고 지원하고 협력해야 누락이나 중단 없이 목표를 달성할 수 있음을 명심해야 한다.

또한 계열화된 목표와 과제는 역으로 거슬러 검증하면 어느 부서 어느 누가 잘하고 잘못하였는지 책임소재가 분명하게 드러나 적시에 수정보완이 가능하고 포상도 공정하게 할 수 있는 장점이 있다.

이상과 같이 각각의 목표와 과제를 전사 목표와 과제에 따라 임직원(직급별)에 이르기까지 계열화하여 전개하고 여기에 계층별 권한과 예산을 배정하여 추진하면, 자율관리 체계가 완성되어 회사는 자율적으로 운영되고 결국 목표달성을 체계적으로 도모할 수 있다.

계열화 단계에서 전사 목표나 과제를 예를 들어 임원단계에서 1단계면 과/부장(팀장) 단계에서 1~2단계, 담당자 단계에서는 2~3단계로 큰 목표나 과제를 세분화 내지 구체화할수록 실행이 용이하고 착오가 없다.

2. 각 팀별 목표와 과제의 계열화 실습

이제 각 팀별로 방침과 목표 및 과제를 다음과 같이 1가지 항목씩 선정하여 계열화해 보도록 한다.

목표나 과제의 계열화 수준에 따라 결과가 확 달라지므로 각 방침별 추진해야 할 항목이 빠짐없이 구체화되어야 단계별 실행이 성과와 직결되어 최종목표에 도달할 수 있다.

다시 강조하지만 아래 사항은 당사에서 실습한 내용을 그대로 전하는 것이니 각 항목이나 내용은 참고로 하고 복잡하면 자신에 맞게 응용하시기 바랍니다.

1-1. 총무 부문 목표와 과제 계열화(행동목록은 더 세분화할수록 행동하기 쉽다)

전사 방침	팀장의 계열화	팀원의 행동목록	목표 일정	평가
1. 회사 자산의 재정비 등록	1. 자산의 정의 2. 자산의 분류 3. 자산의 조사와 평 가/등록	1. 고정자산과 지적 자 산, 유동자산으로 분류 2. 조사양식 작성 3. 조사팀 구성 4. 조사 실시 5. 평가/등록	15일 내	달성 여부

1-2. 인사/경리 부문 목표와 과제 계열화

1. 자율형 인재 육성과 사기진작 방안	- 바람직한 인재상 정립 - 자율형 인재의 정의 및 육성책 강구 - 채용과 배치 체계구축 - 경력개발과 교육훈련 체계 정립 - 후생복리 제도 개선	- 인재상 = 성실/창의/열정/책임감 = 공개채용 원칙 - 적성평가 - 순환배치 - 개인별/직무별 연 40시간 의무교육 - 자율관리체계 실시 = 책임/의무/예산 부여 - 휴가/식단/근무환경/교육개선(매출액 대비 1~2% 교육투자)	연말	평가
1. 세무/회계 기본 정립	- 예산제도 도입 - 세무/회계 체계정비	- 예산제도 규정 제정 - 전표 기본시스템 정립(ERP연계) = 매월 25일 예산할당 및 월말 취합/분석보고 - 팀별 독립채산제-제도/교육(관리회계차원) - 제세 감면/공제/유보 제도 활용	월말 ¼분기 월말 월말 월말	평가

1-3. 영업팀 목표와 과제 계열화

1. 유통구조 원상회복	- 대리점 복구 및 영업소 개설	- 대리점 복구 및 신규 합계 00개 목표 - 신규시장(직거래처) 00개 개척 - 대구/광주/대전-신규 영업소 개설	¼분기 연말 ¼분기	평가

1-4. 생산팀의 목표와 과제 계열화

1. 생산성 향상과 납기 대책	- 생산성 혁신 목표 - 7대 낭비 제거	- 1일 0000개 목표 = 자작30% 외주70% - 생산 process 개선 = 납기 6일 내 목표(9일 단축) (자작5일/외주 5.5일) - 동작/운반/재고/불량/대기 등 1:1낭비 제거	¼분기 ¼분기 연말	평가

1-5. 자재팀의 목표와 과제 계열화

1. 구매/조달 프로세스 혁신	- 지그재그 발주 process개선 - 부품OEM화 - 조달업무 IT화	- 최종 납품업체가 자체 수급하여 완성품 입고 (모쥴화) - 부품OEM화 80% 달성 - ERP 도입	¼분기 상반기 연말	평가

1-6. 품질팀의 목표와 과제 계열화

1. 품질관리 목표	1) 싱글 PPM체계 구축과 목표	= 품질관리 시스템 구축 -정의/과제/절차와 방법 등 = 사내 = 자작품 00 PPM = 공정 00 PPM = 외주 = 부품 00 ppM = 제품 00 PPM	연말	평가

1-7. R&D팀의 목표와 과제 계열화

1. 혁신적 개발 process 정립	- 개발납기 5개월 목표 (현행대비 7개월 단축)	- 아래 개발process 공정별 기간 및 애로 분석 = 시장조사 - 발의 - 기획 - 품의 = 계획서 작성-구조도면 - CAD/CAM - 시작품 - 품평 - 수정 = 금형 - 시제품 - 시험 - pp생산 ~ 양산	연말	평가

4/4분기 사업계획 작성과 실행작업

오늘의 명언

하지 못하는 것이 실패가 아니라 포기하는 것이 실패입니다. 세상에 어느 사람도 힘들지 않은 삶은 없습니다. 그러나 끝까지 포기하지 않은 사람은 절망과 어려움을 희망과 용기로 바꾸고, '성공'이라는 두 글자를 가슴에 안게 될 것입니다.

Don't give up. (포기하지 말라.) Never give up! (절대 포기하지 말라!)

Don't you ever and ever give up! (절대 절대 포기하지 말라!)

- 윈스턴 처칠 -

1. 4/4분기 사업계획 작성지침

이제 준비과정을 다 마쳤으니 우선 시급한 대로 다음과 같이 4/4분기 사업계획을 작성하고 총력으로 추진해 보도록 하자.

이상의 계열화 항목을 기반으로 목표와 과제를 수립하고 실행계획상에 구체적인 행동항목과 목표일정을 정하여 다음과 같이 4/4분기 사업계획을 수립하도록 한다.

1) 영업팀은 지원팀과 협의하여 우선 현재의 BEP 매출액을 추정하여 (경리) 목표시장과 고객별(대리점+직판)로 검증하고 사장에게 보고한다. 이것을 다시 각 팀장과 캐치볼 한 후 결정한다.
2) 목표는 성과목표와 일상과제 및 지시사항으로 구분 작성한다.
3) 지원팀은 각 팀의 예산편성에 필요한 계정별 항목과 작성방법을 안내/교육하고 현재의 인원을 기준으로 전사 인건비를 산출한다.
4) 자재팀과 생산팀은 영업팀의 판매목표에 따라 구매/조달계획 및 생산계획을 작성하고 관련예산을 계정별로 수립한다.
5) 품질관리팀 역시 3항에 따라 내·외주품의 품질관리 계획(품질비용 등)을 작성하고 관련 예산을 수립한다.
6) 연구소팀은 R&D용 기자재 구입과 4/4분기에 개발해야할 품목을 제품개발 로드맵의 우선순위에 따라 설정하고 R&D 예산을 수립한다.
7) 예산수립은 반드시 계정별 작성근거를 첨부하여 신뢰성을 높이고 결

과는 모두 지원팀으로 보내면 지원팀은 이를 취합하여 추정손익을 작성하여 1항(BEP매출)과 다시 대조한다.

8) 지원팀은 우선 현재를 기준으로 환율/금리/물가/유가를 반영한다.

9) 대조 확인되면 이것을 회장과 협의하고 확정한 후 각 팀에 회송한다. 각 팀은 이에 따라 수정·보완하고 구체화하여 확정, 실행한다.

10) 4/4분기 사업계획이 완료되면 다시 전사 발표대회를 통해 내용을 全 직원이 공유하고 실행을 다짐한다.

2. 4/4분기 팀별 목표 및 과제의 계열화 작업

이하 각 팀별 과제의 실행-체크-액션 단계로의 전개는 앞장에서 실제로 실습하였으므로 그것을 모델로 하고, 여기서는 각 팀별 목표와 추진과제의 행동목록 및 목표일/평가지표만을 전개하도록 한다.

앞서 언급하였지만 목표는 SMART하게 작성한다. 즉 Specific 되도록 숫자로 구체화하고, Measurable 측정할 수 있어야 한다, Achievable 달성 가능해야 하고, Realistic 해당상황에서 가능할 것, 그리고 Time-based 달성시한을 정할 것.

※ 아래 사항도 각 사에 따라 사정이 상이하므로 방법만 참고하시기 바랍니다!

2-1. 영업팀의 목표와 과제 추진표

l 성과목표	행동목록 (소분류/구체화 = 1~2단계 더 구체화 필요)	목표일	평가지표 (실행수준 및 달성여부)
1. 분기 매출/수금 목표 000원	- 상품별/모델별/월별/주별/일별로 작성 - 재품별/개인별/거래선별로 작성	당월	

2. 부실채권 회수 목표(월 별 000)	- 직접회수 = 담당직원/거래선별 목표 - 간접회수 = 전문기관 의뢰 목표	당월 말	
3. 영업소 및 대리점개설 목표	- 영업소 = 1차 광주/대전/인천 - 대리점 = 각 시별 1개씩 선정	상반기	
4. 부도채권 회수 목표	- 자체회수 = 00억 - 위탁회수 = 00억	연말	
l 일상과제			
1. 업무계획 수립	- 개인별 목표와 과제의 실행 계획 수립 - 팀의 인원계획 수립	월말	
2. 사/내외 상품의 재물 조사 실시	- 사내상품 재고조사 실시 - 서울영업소 - 대리점 재고조사 실시	상동	
3. 영업 물류 체계 개선	= 영업 창고=입고-보관-수주-포장(단위) -출고-배송-송장 확인-계산서 발행 = 배송비 절감=수량별/포장 단위별-> -직배와 위탁배송 방안강구	월말	
4.경쟁제품 (모델) 비교 리스트 작 성하여 개 발발의	= M/S 1등 회사 기준 -> 시장별/제품별/모델별로 작성 -> 우선순위 결정하여->개발요청	월말	
7. 팀의 운 영예산(판 매관리비)	= 광고선전비/출장비/교통비/운반 비/보험료/통신비/업무추진비 외	월말	
● 특별 지시사항	= 성과목표와 일상과제 외의 업무	일정	
1. 사장 지시 사항 2. 상사 지시 사항			

▶ 탁월한 성과를 창출하는 영업맨들은 결코 제품과 서비스를 파는 데 집중하지 않습니다. 상대방을 진심으로 위하는 마음으로 타인의 성공을 위해 전심전력해서 돕습니다. 탁월한 성과는 자연스레 따라오는 결과일 뿐입니다.

★ 여기서 잠시 부도채권처리 방안을 논의하고 갑시다.

첫째: 자체적으로 회수하는 방안

1. 각 대리점의 당사상품 현 재고 조사하여 날인 받을 것

2. 재고금액을 공제한 채권잔고 증명을 받을 것. 총 잔고는 재고+미수채권임

3. 다시 거래한다면 재고를 포함 총 잔고금액을 협의하여 능력에 따라 최대 12개월로 분할하여 변제약정서를 받을 것

4. 재거래업체로부터 신규로 주문 받을 때에는 기존의 판매, 수금실적(능력)에 따라 여신한도를 정하고 그 범위 내에서만 출고하되 기존 채권의 분할변제를 포함하여 여신한도를 준수할 것

5. 더 이상의 거래의사가 없을 때에는 협의에 따라 재고를 반품 받고 나머지 채권은 분할로 변제약정을 받되 불응 시에는 법적 절차, 즉 1천만 원 정도의 소액은 지급명령신청을, 3천만 원 이하는 소액사건재판에 회부하도록 합니다.

둘째: 각각의 신용정보회사에 위탁하여 회수하는 방법

1. 판결문이 필요한 민사채권과 달리 상사채권은 세금계산서, 거래명세표, 계약서, 투자약정서 등 빌려준 돈이 아니라 상거래에 관련된 입증서류만 있으면 바로 추심 가능합니다.

2. 부동산 압류/유체동산압류를 통한 전부명령이나 추심명령을 통하여

회수할 수 있습니다. 공증이 되어있으면 압류 후 강제집행이 가능합니다.

2-2. 경영지원팀의 목표와 과제 추진표

1. 총무/인사 팀			
l 성과목표	언제까지 = 기간 목표	월말	
직원 교육훈련 목표(년 00시간)	- 계층별 직무교육(인당 00시간 목표)-위탁 및 온라인 교육 - 감동교육의 내용보완(시사/교양/직무 추가 등) 및 월1회 실시	월말	
복리후생(비) 개선목표 (목표=1인당 000원/년)	- 사무용품 재물조사와 재배치(조사/확인/폐기/재배치) - 근무복 디자인 및 제작/화장실 수세식 교체 - 중식메뉴 개선(000원/인) - 조찬회 아침식사 제공	월말	
l 일상과제			
업무계획 작성	- 팀별/개인별 목표 및 과제의 추진계획 작성 - 인원계획 수립	월말	
노사협의회 운영	- 노사상생 표준 작성 -취업규칙 및 근로계약서 작성(협의)	연말	
인사관리 정비	- 사규의 조사, 개폐 정리 - 각 팀의 직무분석 실시 - 직원의 재배치 - 월요 업무진도 회의 정례화 - 인사고과의 공정한 평가 = 항목/기준/빈도 작성	연말 월말 연말	
팀의 운용예산 수립	- 전사 인건비/통신/운반구/소모품/회의/복리후생/제세공과/교통여비 등 월별 구체화	월말	
4/4분기 업무계획발표대회 준비	- 전사 전략목표와 과제 발표 - 각 팀별 목표와 과제 발표	월말	
l 특별 지시사항	성과목표와 일상과제 제외	일정	

1. 사장 지시사항 2. 상사 지시사항			

2.재경팀			
ㅣ성과목표	**기간 목표**		
-4/4분기 추정손익 작성	- 각 팀 4/4분기 예산수립 지침 작성 - 배부 - 영업팀 매출/수금계획 접수 - 각 팀별 예산접수-계정별 집계 - 추정손익 작성-->목표손익 검증 = 수정보완	월말	
전사 예산제도 확립	- 예산제도 기안-의견수렴-품의-실시	월말	
ㅣ일상과제-			
＊ 전표 및 세무와 회계시스템 확립	- 표준 전표개발(검색) 결정=작성방법 교육 - 실시간 입력시스템 정착 - ERP 시스템과 연계하여 재무제표 작성 - 월별 세무 일정표 작성	월말 1/4 분기	
팀의 업무계획 작성	- 팀별/개인별 목표 및 과제의 추진계획 작성 - 월별 세무/공과 일정계획 수립 - 주간/월간 재무정보 보고 계획	월말	
현금흐름표 작성	- 영업팀 수금계획 기준 = 현금과 어음비율 적용 - 거래은행별 여신(신용)한도 계획 - 전사 월별/계정별/거래처별/지불계획 수립/대조	매월	
팀의 운용예산 수립	- 인건비/통신/소모품/회의/복리후생/제세 공과/교통여비 등 월별 구체화	월말	
ㅣ특별 지시사항	**성과목표와 일상과제 제외**	**일정**	
1. 사장 지시사항 2. 상사 지시사항			

▶ 여기서 잠시 짚고 넘어갑시다. 현금흐름은 사람 몸의 혈액순환과 같

습니다. 혈액순환이 순조롭지 못하면 심장마비나 동맥경화로 죽는 것처럼 회사도 현금흐름을 잘 관리하지 못하면 한순간에 부도를 맞게 되는데, 이때의 현금흐름은 회계장부 및 재무제표 상 이익이 아니라 은행에서 입/출되는 현금흐름을 말합니다.

즉 경영 현실은 현금 유입과 유출 시점이 일치하지 않는 문제가 발생하기 때문에 단기 유동성 문제가 발생할 수 있음을 유념해야 합니다.

2-3. 생산팀의 목표와 과제 추진표

l 성과과제	행동목록(구체화/소분류)	목표	평가
일일 생산목표 (000개)	- 라인별 = 제품별/모델별/인별 생산계획 - 일정별= 연간/월별/주별/일별 생산계획	월말	
제조원가 목표	- 목표 제조원가 달성 - 노무비+자재비+경비 등 제품별 구체화	월말	
l일상과제			
업무계획 수립	- 재물조사 계획-정리-반납-장부정리 - 팀 및 개인별 목표/과제 실행계획 수립 (과제별/월별)	월말	
생산방법 개선 및 혁신계획	- 표준품의 외주생산 확대 실행(다품종/소량) - 쉘 방식 생산라인 구축 & 검증 실시 - 작업표준/품질표준 개선 및 교육 실시	월말 연말 즉시	
팀의 운영예산 수립	- 원부자재비/소모품비/통신비/외주비/회 의비/출장여비 등	월말	
● 특별지시사항		일정	
1. 사장 지시사항 2. 상사 지시사항			

2-4. 자재팀의 목표와 과제 추진표

도산회사 살리기

l 성과목표	행동목록(구체화/소분류)	목표 일정	평가 지표
4/4 자재수급 목표(목표 자재비 준수)	- 원부자재 수급계획(월별/제품별BOM)-목표 금액 - 시중구입 원부자재 수급계획(품목별/월별 금액) - 자작품 수급계획(금액) = 이상 합계-제조원가의 000% 이하 목표	연말	
● 일상과제			
4/4분기 업무계획 수립	- 팀의 목표/과제 실행계획 수립 - 개인별 목표/과제 추진계획 수립 - 조달/구매예산 수립	월말	
조달/구매 물류 공정혁신(현재기 준 30% 단축)	- 지역/거리조정-발주단위/빈도 합리화 - 물류공정 개선-지그재그 물류공정 통합/ 단축	연말	
외주, 구매처의 구조조정	- 실태파악과 업체의 구조조정 및 신규개발 - 원부자재의 시장조사-경쟁가격 견적/조정 = 목표 자재비 달성 - 각 사 목표 Q.C.D 달성계획-(안전재고)	연말	
팀의 운영예산 수립	- 소모품/교통여비/회의비/견본비/통신비/ 시장조사비 등 과목별/월별 구체화 (작성근거 첨부)	월말	
● 특별 지시사항		일정	
1. 사장 지시사항 2. 상사 지시사항			

2-5. 품관팀의 목표와 과제 추진표

l 성과목표	행동목록(구체화/소분류)	일정	평가
제품 불량률 목표(00ppm)	- 월별/제품별/라인별/인별 목표 수립	월말	

수입검사 불량률 목표(00ppm)	- 월별/납품사별/품목별 목표 수립	월말	
품질비용 절감 목표(000원)	- 예방비/실패비/평가비용의 절감목표 준 수	월말	
● 일상과제		일정	
4/4분기 업무계 획 수립	- 팀의 목표/과제의 실행계획 수립 - 개인별 목표와 과제 추진계획 수립	월말	
팀의 운영예산 수립	- 시험 검사비/재료비/회의비/교통여비/ 통신비/소모품/교육훈련비 등 과목별 월별 구체화	연말	
종합 품질관리 계획 수립	- 작업표준과 품질표준의 작성, 지원 - KS 품질인증 및 ISO 인증계획 수립 - 싱글 PPM 달성계획 수립 - Q.C.C 활동 및 3정5s 추진계획 추진 - 품질관리대상 수상계획 수립	연말	
신속한 A/S 대책 수립	- 불량신고 업무Flow 개선 - 출동/수리팀 운영(각 영업소 중심) - 자재공급 지원 및 보상대책 수립(보험)	월말	
●특별지시사항		일정	
1. 사장 지시사항 2. 상사 지시사항			

2-6. 4/4분기 연구소의 목표와 과제 추진표

l 성과목표	행동목록(구체화/소분류)	일정	평가
선정된 상품개발 (목표=4개월 내)	- 우선순위 협의(영업)-개발품의(예산확보) - 공동/외주개발 협의 = 예산/소요기간/투 입인원/특허 등 - 견적협의 후 품의 = 계약체결-공동실시 - 설계일정 협의 = 설계-금형-시제품-테스 트-양산 결정 개발성공 후 = 청산	월말	

도산회사 살리기

l 일상과제			
4/4분기 업무계획 수립	- 팀 및 개인별 목표/과제의 실행계획 수립 - 연구인력 확보 및 교육계획 수립 - 지적재산권 정비 및 신규 획득 계획 수립	월말	
중장기 기술/제품 개발전략	- 중장기 원천기술 확보 계획 구체화 - 중장기 신제품 개발 계획 구체화 - R&D 기기의 보충 = 조사/품의-구매-테스트- 적용	연말	
R&D 예산수립	- 팀의 운영예산 수립 = 견본비/소모품/교통여비/통신/회의비/교육훈련비 등 과목별 월별 구체화 - R&D기기 구입 및 신제품 개발비 예산(용도별/품목별)	월말	

▶ 이렇게 정신 없이 사내외 현상파악을 하고, 과제를 찾아 해결방법을 교육하고, 경영관리의 기본체계와 시스템을 정립하며 4/4분기 사업계획까지 완수하니 벌써 60일이 지나갔네요. 그동안 수고 많았습니다. 이제 제대로 된 내년도 사업계획을 수립하기 위하여 다시 30일간의 열정으로 돌입합니다.

▶ 이상의 목표와 과제는 4/4분기 내에 계층별, 월별, 팀별, 개인별로 구체화하고 계열화하여 앞 장의 긴급과제 해결방법과 동일하게 Plan-Do-Check-Action 과정을 되풀이하여 완성하고 미결사항은 내년도 사업계획에 다시 반영하도록 합니다.

▶ 이렇게 수립된 사업계획은 각 팀별/개인별로 아래와 같은 양식으로 PC상에서 실행진도를 관리하면 편리하나, 정해진 양식은 아니며 편리하게 고안해 쓰면 좋습니다.

☎ 4/4분기 업무 진도 관리표 I (예)

1. Plan	
1) Project 명	
2) 목표	- 숫자/구체화/정성목표(달성시한)
3) 달성기간(시한)	
4) 방해요인 및 제거계획/예산	
5) 달성 시 보상(평가방법과 수준)	
2. Do(20%에 집중)	- 우선순위 중심의 시간활용(20%의 노력-80% 결과)
1) To Do List 구분 작성	- A=꼭 해야 할 일 - B=언젠가는 해야 할 일 - C=하면 좋은 일 - D=위임해야 할 일 - E=가능하면 빨리 없애야 할 일
3. See(check)	- 평가/성찰/보상
1년 목표=Think Week 1달 목표=Think Day 1주 목표=Think Time 1일 목표=Think Morning	- 평가=기준/목표와의 차이 분석 - 성찰=구체적 사실의 발견-사실에 대한 성찰 – Feed Back-적용 - 보상=개인/단체 보상 또는 처벌 - 평가=기준/목표와의 차이 분석 - 성찰=구체적 사실의 발견-사실에 대한 성찰 – Feed Back-적용 - 보상=개인/단체 보상 또는 처벌 - 평가=기준/목표와의 차이 분석 - 성찰=구체적 사실의 발견-사실에 대한 성찰 – Feed Back-적용 - 보상=개인/단체 보상 또는 처벌 - 평가=기준/목표와의 차이 분석 - 성찰=구체적 사실의 발견-사실에 대한 성찰 – Feed Back-적용 - 보상=개인/단체 보상 또는 처벌

도산회사 살리기

4. Action	- Re-Plan

☎ 4/4분기 업무 스케줄표 II (예)

담당	과장	부장	임원

팀장 :								작성자 :		
업무내용/ 월 업무내용/ 월	10월				11월				12월		비고 비고
	1주	2주	3주	4주	1주	2주	3주	4주		휴무	
대리점개설 20개	지역별 후보탐색				평가/선별 - 품의				개설		
영업소개설 2개	위치/조건/규 모/조사 보고				1차 광주 개소				2차 대 전 개소		
매출목표 35억	8				12				15		
수금목표 10.6	2.5				3.6				5		
정보보고 (고객/경쟁/기술)											
메일쓰기/답변											
교육수강(채권 관리/어음수표)											
범례 : 업무의 중요도(중요/보통/낮음/협의)에 따라 색을 표시하거나 업무 진행상황을 특수문자로 표시(진행 → 연기 △ 취소 x 완료 ○)하면 쉽게 구분되어 추진이 편리함											

제4장 3차
30일간의 열정

엑스트라 마일(extra mile)을 실천하자

나는 상사가 10개 하라고 하면 11개를 했다.

예를 들어 상사가 물을 가져오라 하면 냅킨까지 챙겨서 가져갔다. 이것을 엑스

트라 마일(extra mile)이라 한다. 한 걸음 더 나아간다는 뜻이다.

성경에 나오는 "누구든지 5리를 가자 하면 10리를 동행하고"와 같은 이치다.

20대 후반에 중역이 된 비결이다.

– 하형록 팀하스 회장

제1절

내년도 사업계획 수립 및
성과보고

※ 아래의 내년도 사업계획은 그 내용이 복잡하고 방대하여 여기서는 다만
  당사가 추진한 절차와 체계화의 내용만 소개합니다.

1. 사업계획 수립의 목적과 그 중요성

사업계획 수립이 복잡하고 어렵다는 생각 때문에 그 시기가 되면 부랴부랴 자료를 모으고 편집하다 보면 갑자기 밤을 새우기도 하면서 스트레스를 받는다. 이것은 평소에 준비 소홀 탓이며 관리체계의 허술함 때문이다.

예전엔 문서화해서 보관하려면 부피 때문에 어려움이 있었지만, 지금은 저장장치에 저장하여 언제든지 볼 수 있으니, 각자가 사업계획에 필요한 자료를 체계적으로 저장하였다가 적재적소는 물론 적시에 적용할 수 있으니 얼마나 편한가.

사업계획 수립은 CEO의 책임이 제일 크다. 사업계획을 체계적으로 세우고 체계적으로 운영하면 경영상황을 항상 확인하고 오판을 줄일 수 있으며, 경영관리 CYCLE 범위 내에서 임직원들과 함께 정상적인 경영관리가 가능한데 CEO의 무관심과 경영관리 체계의 인식 부족으로 그 선순환 고리가 완성되지 못하고 악순환이 반복된다.

1-1. 목적과 그 중요성

1) 하나의 연중행사로 발전시키면 회사 차원의 단합과 일체감을 조성할 수 있다.

2) 전 임직원의 기획력과 계수관리 실력을 향상시킨다. 직원들을 단순

하게 일하는 소모품으로 생각하면 떠날 궁리를 하든가 기회가 오면 미련 없이 떠난다. "내가 대접받고 싶은 대로 먼저 남을 대접하라"의 법칙을 기억하고 실천할 필요가 있다.

3) 자기 할 일(목표와 과제)을 스스로 계획하고 집행하며 평가하는 목표의 자율관리체계를 만들 수 있다.

4) 개인별·부서별 성과를 공정하게 평가할 수 있게 되어 스스로 연구하고 학습하지 않으면 안 된다.

5) 결과를 인사고과에 반영할 수 있어 그 우열에 따르는 교육훈련과 인력관리 및 성과급 관리의 기초가 된다.

6) 회사의 전반적인 경영실태를 모두가 공유하게 되어 투명경영이 가능하게 되니 부서 간 의사소통과 협력이 원활해진다.

7) 경영관리의 전반을 학습하게 됨에 따라 유능한 간부의 양성이 가능하게 되고, 인재의 유출 방지와 유능한 인재의 모집이 가능해진다.

2. 사업계획 수립 및 집행·관리를 위한 전제조건

1) CEO의 투명경영 의지와 실천이 관건이다. 기업의 세무회계 차원이 아니라 관리회계 차원에서 운영할 수 있다.

2) 인재의 육성과 교육훈련 의지가 중요하다. 인재육성을 투자로 보지 않고 비용으로만 보는 기업은 성공할 수 없다.

3) 공생 · 공영의 의지와 실천이 중요하다. 중소기업에서 체험한 바 있지만, 이익이 발생하면 재투자 없이 사적으로 사용하려는 욕심이 생기면서 회사를 위험에 빠지게 하는 경우가 많다. 즉 그 성과를 창출한 임직원과 함께 나눈다는 철학이 빈곤하니 누가 그런 CEO를 믿고 열성을 다할 것인가? 적어도 회사의 장래 비전과 임직원의 비전에 상호보완 관계가 있어야 회사가 영구기업으로 성장해 나갈 수 있다.

4) 또한 윤리경영과 그 실천 의지가 있어야 한다. CEO를 비롯하여 임직원들이 업무를 집행하는 데 있어 사리사욕을 버리고 공명정대하게 행동할 수 있는 준칙이 필요하다.

3. 사업계획 수립을 위한 워밍업

1) 팀별로 작성지침 교부하고 전 사원 집합 교육을 실시한다.(주로 재무
   부서에서 주관)

2) 전사의 이벤트로 기획하여 신나게 실시하여 지루하고 짜증나지 않도
   록 한다.

3) 매년 10월부터 실시하며 부서별로 3번 이상 캐치볼 하여 수정·보안
   한다.

4) 평소에 실적 DATA와 관련 정보를 모으고 저장하여 부서이동 시 인수
   인계를 철저히 하여 적어도 3개년 실적자료를 준비한다.

5) 평소에 회사직무 관련 외부자료(신문/잡지/tv 등)를 스크랩하거나 저
   장하는 습관을 갖는다.

4. 사업계획의 수립절차

4-1. 기능별 역할

최고경영자	à 전략 중심 사고와 행동
중간관리자	-----------à 경영관리 중심 역할
운영관리자	--------------------à 실천/운영 중심 역할

4-2. 경영관리 체계의 확립 방법

=PLAN(검증)→DO(행동강령/목록)→CHECK(분석/평가)→ACTION(피드백)→ ▷▷▷재 PLAN의 완성=시스템 경영의 완성

즉 다시 강조하지만 아래와 같이 경영관리의 선순환 고리를 완성해야 비로소 완전한 경영체계가 성립되어 경영이 정상적으로 운영되는 것이다.

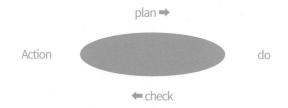

이상에서 중복적으로 강조해 온 경영체계 확립의 순서와 내용을 재차 강조하는 의미로 아래와 같이 체계적으로 다시 정리하였다.

4-3. PLAN의 단계

1) CEO의 PLAN

(1) 회사비전과 경영철학 및 이념 공표/공유

(2) 신사업(상품)/신시장 진출과 전개 등 사업구상과 투자

(3) 국내외 경영환경 변화와 그 대응

(4) 인재의 육성

(5) 전사 목표와 경영전략(방침)의 공표/공유

2) 임원의 PLAN

(1) 사장의 경영전략(방침/목표)의 구체화

(2) 경영환경 분석과 적용

(3) 중점목표와 전략과제 및 일상과제의 정비(계열화)

(4) 부문별 인재육성과 평가 및 포상관리

(5) 사업부 예산 및 이익관리

3) 팀장(과·부장)의 PLAN

(1) 해당 임원 목표의 중분류 및 그 계열화

(2) 해당 임원 전략(방침)의 구체화→중점목표/과제와 일상과제의 정비

(3) 과부(팀)의 인재육성과 평가

(4) 팀의 예산과 이익관리

4) 담당자의 PLAN

(1) 과·부장(팀장) 목표와 과제의 소분류 및 구체화→행동목록 작성-실행

(2) 과·부장(팀장) 방침의 구체화→중점목표와 과제 및 일상과제의 정비-실행

(3) 실행예산의 수립 및 집행

(4) 개인별 능력개발 계획 수립 및 추진

4-4. DO단계

1) CEO의 DO

(1) 신사업/업종/제품 진출 및 투자→추진 독려

(2) 경영환경의 변화와 그 대응전략 추진 및 조정

(3)경영상의 중대정책 추진, 조정→손익정책/인사정책/투자(R&D)정책 등

2) 임원의 DO

(1) 목표(과제)의 달성을 위한 지원/조정/독려 등 리더십 발휘

(2) 방침 전개와 추진에 따르는 난제와 장애 제거

(3) 부문 인재의 육성계획 추진

(4) 부문 이익관리

(5) 부문 예산 배분/통제

3) 부과장(팀장)의 DO

(1) 목표달성과 중점과제의 해결을 위한 지원/조정/독려 등 리더십 발휘

(2) 직원의 역량 강화 지도 및 교육훈련 추진

(3) 부문 이익 관리

(4) 실행 예산의 배정/통제

4) 담당자의 DO

(1) 목표달성을 위한 행동목록 실천

(2) 성과과제와 일상과제의 해결 추진

(3) 교육수강 및 개인역량 강화 노력

(4) 실행예산 집행과 행동강령 준수

(5) 부문 이익에 공헌

4-5. CHECK 단계

1) CEO의 CHECK와 빈도=월별/분기별/년별/

(1) 전사 목표의 달성 여부(월별)

(2) 추진전략의 적정성 여부(월별)

(3) 경영상 중대 변수에 대한 대응의 적시성/적정성 여부(수시)

(4) 임원의 성과 측정

2) 임원의 CHECK와 빈도=월별/주별

(1) 부문별 목표달성 여부

(2) 방침 전개와 추진에 따르는 난제 해결과 장애 제거 여부

(3) 예산과 부문별 손익 체크

(4) 과·부장(팀장) 독려와 성과 측정

3) 과·부장(팀장)의 CHECK와 빈도=월별/주별/매일

(1) 해당 목표의 달성 여부

(2) 과제의 해결 여부

(3) 집행예산의 적정성 여부

(4) 직원 독려와 성과 측정

4) 담당자의 자기 체크와 빈도=주별/매일

(1) 목표달성 여부

(2) 과제해결 여부

(3) 집행예산의 적정성 여부

(4) 자신의 성과 측정

4-6. ACTION 단계

1) CEO의 ACTION

    (1) 사업의 조정과 국내외 진출

    (2) 전사 목표와 전략의 수정·보완(재무제표)

    (3) 전사 조직과 인사정책의 수정·보완

    (4) 연구개발 투자정책의 수정·보완

2) 임원의 ACTION

    (1) 수정·보완된 전사 목표전략의 계열화 및 재반영

    (2) 수정·보완된 전사 조직과 인사정책의 구체화 및 반영

    (3) 수정·보완된 연구개발(투자) 정책의 반영

    (4) 성과의 공정한 배분과 인사 반영

3) 과·부장(팀장)의 ACTION

    (1) 수정·보완된 목표와 전략의 계열화 및 반영

    (2) 수정·보완된 방침의 구체화 및 계열화와 반영

    (3) 수정·보완된 제품 개발정책의 계열화와 반영

    (4) 성과의 공정한 배분과 인사 반영

4) 담당자의 ACTION

(1) 수정·보완된 목표와 과제의 반영

(2) 수정·보완된 방침의 반영

(3) 성과의 공유와 인사교류 및 교육훈련 실시

(4) 업무의 표준화/규정화 실시

5. 국내·외의 경영환경 분석과 경쟁전략 수립

이상의 목표와 전략과제를 달성하고 현재의 경쟁시장에서 어떻게 다시 부도 이전 수준으로 회복하고 확실하게 시장 지위를 확보할 것인지 시장 진입전략을 아래와 같이 수립한다.

☎ 목차

5-1. 고객/시장 및 경쟁사와 당사의 역량분석

5-2. 당사 제품의 Life-Cycle 분석

5-3. SWOT 분석

5-4. 당사의 경쟁위기와 혁신해야 할 과제

5-5. 당사의 목표시장 분석

5-6. 4P 전략과 4先 전략 검토

5-7. 사업계획 목표달성을 위한 전사 중점전략

5-8. 혁신 활동의 중점과제들

5-1. 시장/고객 및 경쟁사와 당사의 역량분석

사업계획을 수립하려면 내·외부 환경을 분석하여 사업기회와 위협에 대응하고 당사의 강·약점 등을 경쟁사와 비교·분석하여 경쟁에서 이기는 전략을 수립해야 하며, 특히 고객(시장)을 면밀하게 조사분석하여 고객의 사랑을 받을 수 있는 전략을 수립해야 한다. 즉 자사와 경쟁사 그리고 고객(시장)의 면밀한 분석이 핵심이다.

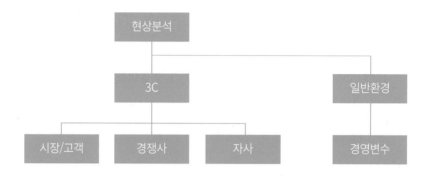

1] 경영변수 분석(환율/이자/유가/정부 정책 등)

경영변수들은 바쁜 경영활동 중에 CEO가 소홀하거나 간과하기 쉬우나 잘못하면 1~2년 성과는 물론 회사 존립 자체를 위기에 몰아넣을 수 있다. 예를 들면 기후변수로서 여름에 덥거나 서늘한 경우, 겨울에 춥거나 따스한 경우, 그 해당 업종은 어려움을 겪거나 호황을 누릴 수 있는 경우와 같다.

당사에 위협이 되고 수익에 영향을 미치는 결정적 변수는 사출용 원재료로서 원유수입에 따른 환율변수와 유가변수라고 할 수 있다.

물론 금리변수나 정부 시책도 영향을 받지만 , 당사는 은행 차입이 적고 정부의 정책 중 당사에 해당되는 주택보급률은 안정 기조를 유지할 것이므로 아래와 같이 검토해 보기로 하였다.

(아래에 기술한 변수들은 당사에 한하고 그 당시의 것이므로 참고 사항임)

1) 환율변수

1975년 484원에 고정된 환율은 1979년까지 유지되다가 1985년 환율은 870원까지 대폭 인상되고 3저 호황을 유지한다. 그리고 1990년 환율은 700원대로 다시 낮아지고 3저 호황은 끝이 난다.

외환위기가 닥치던 무렵인 1996년 환율은 800원대였고 IMF 이후 1998년에 1,400원까지 환율이 급상승한다. 환율이 높으면 수출이 잘되었기 때문에 경제는 호황이나 수입원자잿값은 인상된다. 따라서 사전에 2~3개월분의 원자재를 비축하도록 해야 한다.

2) 금리변수

IMF때 24% 수준이었다가 8% 수준으로 급속히 안정되어 손익에 큰 부담은 없었으나, 평소에 영업부서와 재무팀은 매출과 수금에 따라 현금흐름을 원활하게 유지하되 만일에 대비하여 주거래은행과의 관계를 돈독히 하고 신용을 쌓아야 한다.

3) 유가변수

지난 1996~1999년 기간에는 국제유가가 61% 급락해 배럴당 11달러까지 떨어졌고. 이후 무려 162%나 급등하며 30달러 선을 넘어섰다. 그러나 다시 깊은 조정 장세를 거치며 20달러 선을 반납한 뒤 2002년부터 본격적인 유가랠리가 이어졌다.

그러나 유가는 산유국과 수요국의 정세에 따라 그 변수가 많아 그 변화 추이를 항상 감시하여 대비책을 강구할 필요가 있다. 특히 당사는 플라스틱 원료의 의존율이 높아 가격변화를 꾸준하게 관찰하여 재고를 사전에 확보해 나가야 한다.

4) 정부 정책변수

정부 정책변수 중 당사에 미치는 중요 변수는 주택정책인데 당시 우리나라 주택보급률이 70~80% 수준이나 인구의 증가와 주거안정 및 경기부양 차원에서 계속하여 주택보급을 장려할 것으로 보인다.

한편 P/L법(생산물 배상책임) 제정·시행과 같은 입법에 따른 위험도 특별히 감안해야 하는데 당사 제품의 하자로 화재가 발생 시 회사에 치명적인 손실과 책임이 따르고 그 이후 브랜드 불신으로 이어지면 재기불능 사태에 빠질 수 있다.

※ 이상에서 중요한 요점은 매월 손익평가 시 이들 변수로 인하여 손익에 어떤 영향을 미쳤는지 각팀은 해당 변수별로 반드시 체크하여 반영해야 한다

2] 우리 산업계의 구조분석

당사가 참여하고 있는 시장은 완전경쟁 산업이라 할 수 있어 수익성이 낮은 시장이다.

따라서 원가 우위나 차별화 전략이 핵심인데 우선은 5가지 경쟁요인을 분석하여 경쟁 강도를 살펴보고, 어떤 전략이 유리한지 아래와 같이 검토해 보기로 하였다.

1) 잠재적 진출기업은 없는가?

이 분야는 투자는 물론 유통비용도 비교적 적을 뿐만 아니라 재료와 부품의 조달도 쉬운 편이다. 제품도 규격화되어 있어 차별화도 곤란하여

신규 진입이 용이하고, 따라서 경쟁 강도가 강한 편이다. 다만 외국계 기업이 특수 분야(항공기/선박 등)에서 경쟁 없이 적극 진출 중이며 수익성이 좋은 편이다

2) 기존 경쟁기업과의 경쟁강도는 어느 정도인가?

이 시장은 M/S의 5~60%를 차지하고 있는 절대강자 대기업이 1개가 있고 나머지를 중소기업이 분할점유하고 가격경쟁을 하고 있다. 그나마 건설 및 관련 산업성장률이 꾸준하고 시장이 전국에 골고루 산재해 있어 나름대로 지역적으로 고정고객을 보유하고 있다. 또한 대기업은 브랜드 이미지와 제품 차별화를 비롯하여 대량생산에 따른 원가혁신이 가능하나, 중소기업은 사실상 어렵고 어느 정도 모방을 해 가면서 대응하고 있고 대기업의 OEM 업체로 공급하는 정도다.

3) 대체품의 출현 가능성과 그 위협은 어떤가?

이 분야는 대체품이 없으나. 다만 현재는 전기기술이지만 전자화의 연구가 진행 중이라 위험이 가장 크다고 할 수 있다. 개발에 성공하면 가격과 효능 면에서 경쟁력이 있고 교체비용도 적어 중소기업이 큰 타격을 입을 것이므로 항상 주시하면서 대응해 나가야 한다.

4) 현재의 공급자들의 시장참여 가능성은?

현재 부품공급 업체나 OEM 업체들은 마음만 먹으면 언제든지 시장참여가 가능한 경쟁자라 할 수 있다. 공급량을 비롯하여 제품의 차별화 및 중요도 등에 대한 그들의 교섭력이 강해서가 아니라, 제품의 구성이 간단하고 규격화되어 있으며 원재료의 수급이 쉽기 때문이다. 다만 관련

법에 따른 인증이 어렵고 시장위험을 감수할 능력이 필요하다.

5) 구매자의 입장에서의 교섭력은 어떤가?

대형 건설사를 제외하면 대리점이나 특약점 체제로 운영되므로 구매물량이 적고 분산되어 비중도 크지 않아 구매자의 교섭력은 약한 편이나 시장의 유통 정보력이 강하고 경쟁이 심하여 구매자와의 강력한 유대가 필요하다.

이상을 정리해 보면 다음과 같다.

구조	요점	시사점
1] 잠재적 진출 가능성	있다	시장규모가 작아 대기업 OEM 형태로 진출 가능성 있어 先手전략이 필요하다.
2] 경쟁강도	크다	전체시장 60%는 거의 독점상태고 나머지 40% 시장은 중소기업의 각축장이므로 차별화 필요
3] 대체품 위협	현재 없다	전자화(電子化) 위험이 있어 대응전략이 필요
4] 공급자 참여 여부	가능성 있다	준비 중인 회사가 있어 대응 필요
5]구매자교섭력	약한 편이다	큰 수요처는 생산자 직납이고 나머지 시장은 대리점 유통이라 집중관리 필요

3] 경쟁사 분석

1) 경쟁사 분석의 의의

경쟁사 분석은 동일 고객/시장을 상대로 경쟁사의 장·단점과 강·약점을 당사와 비교하여 자사를 어떻게 차별화하여 경쟁에서 이길 것인가를 찾아내는 것인데, 고객 입장에서 보면 상품선택의 유리한 기준을 제시하는 것이라 할 수 있다.

여기서 누구를 경쟁사로 선택하는가에 따라 경쟁전략도 달리해야 하므로 직접적인 중소 경쟁사보다 우선 배우고 모방하기 위하여 산업 내 선도기업 G사를 선정하기로 하였다.

앞으로 해외의 막강한 경쟁사들과도 경쟁하거나 해외로 진출하기 위해서는 같은 계열의 GE나 지멘스, 슈나이더, 미쓰비시, 후지 등도 분석해야 하나 다음 과제로 보류한다.

2) 경쟁사를 다음 4가지 측면에서 검토해 보자.

우선은 국내 경쟁사 중 1위 업체만 아래 사항을 검토하기로 한다.

(1) 현행전략

차단기/개폐기 상품은 축소지향 전략으로서 우수 대리점을 중심으로 대형화하고 있고, 생산은 자동화에 총력 투자하여 대량생산과 가격경쟁에 집중 투자 중이나 품질 불안정에 시달리고 있으며 소형은 외주생산에 주력하고 있다.

(2) 강·약점

대기업으로서의 강점은 우수하고 신뢰성 있는 브랜드 가치와 공급능력 및 강력한 유통력을 들 수 있다. 현재의 약점으로는 시설투자 집중과 품질불량 비용으로 당분간 가격우위 전략은 어려울 것이며 또한 유통 구조조정으로 해당 거래처의 반발이 예상된다.

(3) 미래 목표

미래 목표는 강전 분야와 스마트그리드와 에너지 사업에 집중하면서 해외시장 진출이 핵심 전략으로 파악되고 있다.

(4) 제반 가정

이상에서 우리의 사업 기회가 되는 것은 G사의 약점인데, 즉 전국 대리점의 재편에 따른 탈락 대리점과의 거래 기회를 살리는 것이다. 동시에 자동화에 대한 과다 투자와 대량 불량 발생으로 공급에 차질이 생기고 있으니 이때를 이용할 수 있는 것이다. 또한 점차 강전기와 고압제품 쪽으로 사업을 집중하고 있다는 첩보다.

사업의 위협요소 즉 G사의 강점으로 자동화가 안정되면 대량생산으로 원가경쟁력이 생겨 당사의 영업을 위축시킬 것이며 또한 대량 구매처의 표준으로 채택되면 더욱 어려워질 것이다. 이에 대한 대책이 시급하다.

▶시사점

위협요소	현황	시사점
1. 현재전략	개폐기/차단기는 축소지향 전략	스마트 그리드 사업과 강전 및 신재생에너지 쪽으로 사업의 중심을 옮기고 있기는 하나 생산자동화로 더 강화될 수도 있음
2. 강·약점	강점만 있음	자동화에 따른 일시적 불량에 어려움을 겪고 있으나 곧 정상화될 것이므로 더욱더 지역 및 고객밀착 영업이 필요함
3. 미래목표	= 스마트 그리드 = 강전/고압/해외진출	=전기+ICT 융합 사업(지능형전력망시스템) 현재로서는 대기업이 추진하는 미래전략에 편승하는 전략으로 준비 필요 =우선 떠오르는 중국시장 등 해외진출 필요

4. 제반 가정	대리점 재편 중	=탈락 거래선 끌어안기와 그들이 접근할 수 없는 틈새시장(선박/항공기/자동차 등)에서 활로 모색 필요 =지역별 건실한 주택업자와의 체인화 검토

4] 당사와 협력회사의 역량조사 및 고객 분석

자사의 역량 분석 목적은 기업의 원가 우위와 차별화 우위 요소를 파악하여 경쟁사 대비 지속적인 경쟁우위를 확보하는 데 있다.

따라서 당사의 강점과 약점을 비즈니스 항목별로 비교해 봄으로써 어느 항목이 얼마나 강하고 취약한가를 대조해 강점은 더욱 강하게 살리고 약점은 즉시 보완할 필요가 있다.

여기서 자사분석은 임직원 면담과 경영자료 분석 및 협력회사 능력을 파악하고 고객 분석은 당사 제품의 실수요자와 판매 대리점의 능력 및 강점을 분석하여 보완할 것이다.

우선 정상화에 초점을 두고 회사 내부 잔존 역량과 협력업체 및 대리점의 잔존 역량 중심으로 조사, 진단하기로 하였다. 그 이유는 현재 각 기능별로 가동 중인 현 상태를 유지할 필요가 있고, 부도 원인이 이곳에 집중되어 있어 비교적 빠르게 원인과 대책을 수립할 수 있다고 판단되며, 과연 이 회사가 얼마나 빠르게 정상화될 수 있는가를 검토하려는 것이다.

1) 당사의 잔존역량 분석

사실 현재의 재무비율 분석이나 경험곡선 분석은 부도 사태의 자료이므로 분석의 의미가 없어 생략하고 임직원 및 대리점과 협력사의 면담 결과를 반영하여 당장 운용에 필요한 몇 가지 핵심 요소와 차별화된 잔존 핵심 역량만을 아래와 같이 정리해 보았다.

★ 당사 잔존 역량으로 볼 수 있는 것

(1) 회장 측면

- 확고한 정상화 의지와 투자지원 약속

- 직원 및 협력업체와의 채무 변제 협약 준수

(2) 각 팀장 측면

- 갈등 해소와 조직의 안정 및 단합 의지

- 새 소유주에 대한 불안과 불신 해소

- 외주 개발팀의 존재(연구소 퇴사 직원)

- 장기 유휴 자재와 과다 재고 처리로 부담감 해소

- 생산직 우수인력과 양산라인의 존재

- 부산/서울 중점 대리점 5개 생존 및 직 거래처 회복 가능성

- 구매, 조달 체인의 회복 가능성

2) 외주/협력업체의 잔존 역량 분석

- 업체 대표와의 면담 결과

외주/협력업체는 기업의 가치창출 원천이며 그것은 Q(품질). C(원가) D(납기)에 의하여 좌우된다. 그 수준과 실태를 파악하기 위하여 자재팀장과 함께 당초 현장을 방문하여 파악한 내용을 아래와 같이 정리해 보았다.

현 상태의 협력업체는 경쟁우위 요소보다 약점이 더 많고 대부분 영세하며 당사의 자재창고에 입고까지 물류체계가 복잡하나 몇 가지 장점은 아래와 같다.

★ 협력업체의 경쟁우위 요소로 볼 수 있는 것

- 본사 공장 위치를 중심으로 대부분 가까이에 있어 물류비 절감 가능

- 부도 후에도 일부 주문 방식의 생산이 계속되어 주력 업체가 생존상태임

3) 판매 대리점 잔존 역량 조사

처음의 탐방 결과를 정리하여 아래와 같은 경쟁우위 요소를 정리해 보았다.

★ 대리점 경쟁우위 요소

- 장기간에 걸친 신뢰와 브랜드 인지도의 공유

- 부산과 서울에 우수대리점 5개 존재

- 울산에 대형 직거래처 1개 존재

이상을 종합하여 당사의 강·약점을 보면 아래와 같다.

비교항목	강점	약점
제품	- 보통	- 제품이 대부분 구형/ 시장요구 모델 60% 수준
R&D	- 없음 (단, 사외에 당사 R&D팀이 별도 회사설립)	- 자체 개발능력 없음
생산	- 기존 생산라인 유지	- 다품종/소량생산(주문)에 부적합
마케팅	- 브랜드력/ 우수대리점 5개	- 영업 경험자 2~3명 있음 - 영업소/대리점 유통력 허약
인적자원과 조직	- 있으나 아직 미약	- 퇴사/ 조직붕괴
관리와 조직 문화	- 아직 없음	- 패배의식

도산회사 살리기

브랜드 가치	- 40여 년의 브랜드 강점	- 의사결정 관료화/ 소통부재

5-2. 당사 제품의 Life-Cycle 분석

당사의 제품군은 성숙기에 있으며 더욱 모델이 구식이고 그나마 모델믹스가 시장요구에 부합하지 못하여 영업활동에 많은 지장을 초래하고 있다. 따라서 현 상품의 위치로 보아 당사는 신상품이나 신산업 쪽에 이미 진출되어 있거나 차별화가 상당히 진행되었어야 했다. 따라서 현 상황은 회사를 위태롭게 하며 재기와 성장을 어렵게 만든다.

제품의 life-cycle 분석은 기업의 비즈시스템을 혁신하기 위하여 필요하며 즉 그 위치에 따라 사업전략/기업문화/제품/프로세스/시스템/유통구조 등의 혁신을 달리해야 한다.

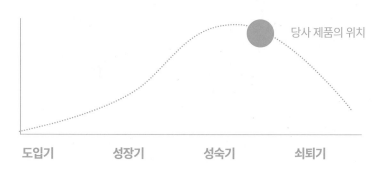

당사 제품의 위치

| 도입기 | 성장기 | 성숙기 | 쇠퇴기 |

그렇다면 우리는 어떤 전략을 수립해야 할까?

☎ 요약해 본다면,

1) 사업전략

= 새로운 먹거리(새로운 사업/상품)를 론칭해야 하는데 준비된 것이 없으니, 우선 기존사업을 정상화하기 위하여 상품 구색을 갖추고 국내시장 탈환에 집중하며 또한 해외시장(중국진출) 개척을 준비함과 동시에 기존기술을 활용한 센서 분야를 연구해야 할 것이다.

2) 기업문화

⑴ 성숙기 시장이니 팀워크 중심의 자율관리(창의와 열정) 문화

⑵ 데이터 중심의 측정과 공정한 평가를 통한 공유문화

⑶ 유능한 팀장의 발굴과 육성을 위한 학습문화 정립

⑷ 현실에 적합한 복지제도 설계 = 직원이 행복해야 고객도 행복하다.

3) 상품전략

⑴ 기존상품의 리모델링과 신제품 개발(세트화)

⑵ 자동화 시장/센서시장/선박과 자동차용 시장에 적용되는 상품

⑶브랜드 개선 내지 신규 론칭

4) 프로세스와 시스템 전략

⑴ 웹 기반의 시스템경영 구축

⑵ 공장자동화 시스템 구축=소량, 다품종 생산/무재고

5) 유통전략

⑴ 전국적 오프라인 및 온라인 유통Channel 구축

⑵ 전국 중소 건설업자 Network 구축

5-3. SWOT 분석(Strength/Weakness/Opportunity/Treat)

이상의 자료를 모아 당사의 SWOT분석을 통해서 어떤 기회와 위험이 있는지 다 같이 검토해 보기로 한다.

SWOT 분석은 회사가 보유하고 있는 강점과 약점을 강화하고 보완하여 사업의 기회요소와 위협요소를 종합적으로 분석, 평가하고 그 대응전략을 수립하는 도구다. 사업계획을 수립 시 필수적인 과정인데 대부분의 중소기업은 그 중요성을 간과하여 지나치기 일쑤다.

강점	1. 살아 있는 브랜드력 2. 양산 가능한 생산라인 3. 재기 가능한 협력업체	약점	1. 낙후된 생산라인 2. 해체된 R&D능력 3. 구식모델과 부족한 모델믹스
기회 요소	1. 건설시장의 활성화 2. 전기제어시장의 활성화 3. 경쟁사의 유통 및 사업재편	위협 요소	1. 1등 경쟁사의 확고한 브랜드력 2. 전국적 막강한 유통력 3. 생산자동화 시작 4. 최신 기술과 신속한 R&D 능력

5-4. 당사의 경쟁력 위기와 혁신과제

이상을 종합해 보면 우리는 변화의 속도를 따라가지 못하는 체질이 되어 있었던 것이다. 즉,

1) 고객/시장 요구를 따라가지 못하는 품질과 시행착오

2) 시장 요구를 따라가지 못하는 제품 개발/제조 Lead Time

★
경쟁력
위기

3) 판가인하 경쟁을 따라가지 못하는 원가혁신

4) 변화속도를 따라가지 못하는 의식구조와 조직능력

5) 신규고객/시장 개척 부진과 기존 고객 이탈-영업력 부족

☎ 변화와 혁신의 가속화 필요

이상에서 보는 바와 같이 5가지 커다란 혁신과제를 안고 있음을 인지하고 총력으로 대응하지 않으면 소생하기 어렵다.

5-5. 당사의 목표시장(고객) 분석

고객 분석은 광범위하고 복잡하게 구성된 시장 중에서 당사가 참여하려는 하나의 시장을 구매자의 요구나 그 특성 및 위치에 따라 그룹으로 나누고 당사의 목표시장을 정한 후, 당사의 핵심적이고 차별적인 역량으로 경쟁하여 바람직한 지위를 확보하기 위하여 분석하는 것이다.

시장이나 고객은 나라마다 그리고 지역이나 그곳 고객마다 그 욕구나 필요 내지 생활수준과 패턴이 달라, 쇠퇴기에 있는 상품이나 판매부진 상품도 생각을 달리해 리모델링하거나 융합하고 지역별 차별화를 하면 명품을 만들 수 있다.

즉 침체된 시장도 세분화해 자세하게 관찰해 보면 성장하는 시장이 있다.

1] 당사 시장의 세분화

당사 시장은 크게 건설시장과 산업시장으로 나눌 수 있는데, 건설시장은 아파트 및 주택과 공공건물 및 공장건축으로 나눌 수 있으며, 산업시장은 태양광을 비롯하여 전기제어 시장과 선박, 자동차 시장으로 나눌 수 있다.

당사가 참여해 온 시장은 주로 아파트와 주택이며 일부 선박시장에서 경쟁하고 있다.

현재 당사가 참여 중인 시장은 처음부터 경쟁력이나 시장의 매력도 내지 고객의 특성을 기준으로 참여한 것은 아니지만 현황을 정리해 보면 다음과 같다.

☞ 건설시장	참여여부 (적극○/ 소극△)	☞산업시장	참여여부
- 아파트 건설시장	○	선박/자동차 회사	△
- 주택건설시장=단독주택/다가구/다세대 등	○	태양에너지 제조회사	○
- 상업용 빌딩건설	△	공작기계/기구 제조회사	△
- 공장건설	△	항온/항습/공조 회사	△
		측정/시험/항해 제어기기 회사	△
		전동기/발전기 및 전기변환/공급/제어기기회사	△

2] 시장 타기팅

시장 타기팅은 당사가 목표로 하는 시장을 말하며 이번 기회에 정확한 목표시장을 정의하여 그곳에 맞는 경쟁전략을 수립할 것이다.

시장의 평가요소는 아래와 같으며 어느 시장이 당사에 가장 매력적인가를 판단해 보도록 한다.

평가요소	중요내용
시장규모 및 성장성	현재 및 장래의 시장규모/ 연평균 성장률/예상 수익률 등 (영업이익)
매력도	경쟁강도(경쟁자 수)/ 대체품의 존재여부/ 공급자의 협상력/진입장벽 등
회사의 목표 적합도	당사의 중장기 목표와 부합되는가? 성공하기 위한 경영자원의 조달이 가능한가?

이상의 내역을 당사의 입장에서 시장의 매력도로 작성해 보면 아래와 같다.

(여기서의 시장규모와 성장률은 70년대의 것임)

시장 세분화	-시장규모 -시장성장률	-경쟁강도-강 -진입장벽-약	수익성	성공요인
아파트건설시장	5천억 이상 5~10%	1강(대기업)과 다수 중소기업 간 경쟁	낮음	- 설계표준 선점 = 브랜드와 제품의 품질 =당사 중장기 목표에 부합
개인주택건설시장	3천억 이상 3~5%	다수의 중소기업 간 경쟁	낮음	= 낮은 가격/ 시공사와의 친밀도 = 당사 중장기 목표에 부합

상업용 빌딩 건설	4천억~ 3~4%	1강(대기업)과 다수 중소기업 간 경쟁	중간	= 설계표준 선점 = 브랜드와 제품의 품질 =소형 빌딩은 개인주택과 동일
공장 건설	5천억~ 3~4%	상동	높음	= 설계표준 선점 = 브랜드와 제품의 품질 =소형공장은 개인주택과 동일
선박건조 시장	5천억~ 5~6%	규격이 까다로워 외국 기업이 주도함	높음	= 브랜드와 품질(신뢰성)
전동기 등 전기 제어 시장	2~3천억 3~5%	단골 거래관행으로 비교적 경쟁이 느슨함	중간	= 업체와의 교섭력

◑ 시사점

시장규모	☞ 첫째 주력시장은 역시 아파트와 개인주택 시장이며 당사의 중장기 목표에 부합함 ☞ 둘째는 자동화에 힘입어 새롭게 활성화 되는 전기제어 시장에 가능성 큼	☞ 주택시장과 함께 주력시장으로 특화 필요 ☞ 기술고도화를 통하여 선박 시장에 특화 필요
성장률 차원	☞ 인구증가와 함께 국민의 주택 선호 경향이 강함으로 계속 성장이 예상됨	☞ 개인주택 건설업자와의 유대 강화 필요(Network화)
수익성	☞ 성숙기 시장이며 지역별 중소기업 간 가격경쟁이 치열하여 수익성은 낮아짐	☞ 생산성 향상과 가치사슬의 구조조정 통한 원가절감 필요 ☞ 셀방식 생산-다품종 소량 ☞ 생산자동화를 통한 차별화 전략 (다품종 소량/균일품질/납기)
핵심 구매요인	☞ 핵심 구매요인은 아래와 같이 분석해 볼 수 있다	☞ 핵심요인 강화 필요

● 고객의 필요 분석

고객이 우리 제품을 구입하는 핵심요인을 중요 순으로 작성해 보면 다음과 같다.

고객(시장)이 무엇을 원하고 있는지 알고 있는 기업은 성공한다. 즉 경쟁사보다 가성비 높은 제품과 서비스를 시장에 먼저 지속적으로 내놓는 일이다.

☆고객이 필요로 하는 요소들	☆당사제품 구매요인의 순서	보완필요 요소
1. 제품특성/성능/품질	1. 제품의 성능/품질 인정	제품의 다양성과 Set 화
2. 브랜드	2. 적정 가격	유통망 확대
3. 편리성	3. 적정 납기	색 및 디자인 개선
4. 가격 및 지불조건	4. 브랜드 신뢰성	브랜드력 강화
5. 납기	5. 지불조건	편리성/다양성
6. 제품의 다양성	6. A/S품질	
7. A/S품질		
8. 신뢰성		
9. 디자인 등		

따라서 당사의 주력시장은 고객의 필요나 핵심구매요인으로 볼 때 아파트건설시장과 개인주택건설시장 및 공장자동화에 따른 제어기기 시장으로 분류할 수 있다.

그러나 아파트는 처음 설계단계부터 영업력을 발휘하여 표준승인을 먼저 받아야 하고 제품과 디자인은 물론 다양성도 확보해야 하니 현재의 제품군과 영업력으로는 한계가 있어 개인주택 건설시장과 기계/태양광 및 전기 제어기기시장에 집중하면서 기존의 선박시장과 자동차 등 틈새시장을 개척해 나가야 할 것이다.

5-6. 4P전략과 4선(先)전략 검토
(시장 포지셔닝 전략=product/Price/place/promotion 수립)

자, 이제 목표시장이 정해졌으니 어떻게 시장에 진출하여 당사의 시장지위를 차별화하여 확보할 것인지 검토해 보도록 한다. 경쟁시장에서 확고한 지위를 확보하려면 다음 4가지 차원에서 차별화를 시도해야 하고 4선 전략을 병행해야 한다.

그러나 다음의 전략들은 기본적으로 당사의 영업전략과 일치해야 하며 전략 따로 영업 따로가 되면 노력해도 효과를 거둘 수가 없기 때문에 영업맨을 잘 뽑아 육성해야 한다.

또한. 행동/성과지표를 통하여 보상하고 각각의 팀과 항상 소통할 수 있도록 하여 경영관리 정보가 서로 공유될 수 있도록 해야 한다.

1] 상품의 차별화와 선견(先見)/선수(先手)전략

상품력은 상품의 종류/품질/특징/디자인/브랜드/포장-크기-규격/품질보증(A/S) 등 여러 요소로 구성되어 있어 어느 하나만으로 상품의 경쟁력을 평가한다든지 차별화하기 어렵다. 그러나 당사 상품이 고객의 선택을 받으려면 상품의 특성상 기본적으로 품질이 우수하고 요구조건에 맞는 다양성을 갖추어야 하는바 우선은 상품의 구색이 부족하니 시급히 개발, 보충해야 하고 즉각적인 A/S 지원체제도 갖추어야 하며 디자인 색상도 대폭 개선해야 한다. 특히 브랜드 전략이 중요한데 일반 소비제품이 아니기 때문에 소홀하기 쉽다. 하지만 "인텔-인사이드"나 포클레인(굴삭기)/3M의 스카치테이프와 디스켓/아몰레드 처럼 많은 산업용 브랜드가 상품명으로 위세를 떨치고 있듯이 우리제품도 그와 같은 인기 상품=브랜드를 만들 필요가 있다.

당사가 추진해야 할 선견(先見)전략이란 경쟁시장에서 기회를 먼저 파악하는 것인데….

매스컴의 정보나 전시회, 전문잡지는 물론 고객접점에서 발생하거나 기술혁신에 따라 발생하는 고객과 기업의 필요를 탐색하여 상품을 먼저 기획하는 것이다.

이것은 기술부문과 영업부문만의 과제가 아니고 전 직원이 선견의 중요성을 이해하고 동참할 필요가 있고 그런 정보와 제안들을 받아들일 준비가 되어 있어야 한다. 특히 영업부문은 아주 사소하고 무시해 버릴 수 있는 작은 정보나 제안이 회사 차원의 거대한 먹거리가 될 수 있음을 명심해야 한다.

다음 선수(先手)전략이란 선견으로 기획된 상품을 먼저 출시하여 시장을 장악하고 독점이윤을 획득하는 것이다. 이 전략은 브랜드가치를 제고하고 기술표준을 점령할 수 있는 장점이 있다.

2] 가격경쟁력의 제고와 선제(先制)전략

가격경쟁력은 Cost/할인/지급기간/대금지급방법/중개수수료/여신한도/진열품 소유 등이 모두 구성요소이나 당사로서는 원가의 경험곡선이 있고 제품의 표준화가 이루어져 있어 표준품의 외주 확대와 구매원가 혁신 및 생산성 향상으로 원가경쟁력을 꾸준하게 추진하고, 또한 개발부서가 표준화 공용화로 절감하고, 영업부서가 채권관리를 개선하면 당분간 가격경쟁력을 유지할 수 있다.

그러나 현재로서는 성숙기 시장이고 중소기업 간 가격경쟁이 심하여 선제전략으로 가격장벽을 활용할 여력이 없다. 다만 소비자는 가격뿐만 아니라 구매의 편리성과 안정성을 중시함을 인지하고 지역별 차별 가격과 유통 확충으로 이에 부응해야 할 것이다.

또한 원가는 경영관리 시스템 전체로 구성되므로 어느 한 부서만의 과제가 아니라 전사적으로 누구나 관심을 가지고 각각의 목표에 집중해야 한다.

최종적으로는 생산자동화가 답입니다. 회사가 안정 국면에 들어서면 바로 검토해야 한다.

3] 유통망(력)의 확충과 선점(先占)전략

유통력이란 시장을 커버하는 능력 즉 지역과 그 범위/ 재고수준/ 창고/ 유통, 배송 등으로 구성된다.

당사의 상품은 크기가 작고 가볍기 때문에 택배를 이용하거나 대도시 직할 영업소에 거점을 만들고 대리점을 추가 개설하면 전국을 커버할 수 있다.

궁극적으로는 좁은 국내시장을 넘어 가장 가깝고 어마어마한 중국시장에 진출할 필요가 있다.

당사는 선견/선수의 상품이 없어 시장을 선점할 수 없고 큰 수익도 기대하기 어렵기 때문에 최선의 방법은 전국을 커버할 수 있는 대리점(취급점)과 직거래처를 확보하는 것이다.

또한 시류에 맞도록 온라인 매매체계를 구축하여 고객과 납품처에 신속성과 편리성을 제고해야 한다. 즉 주문이 온라인으로 접수되면 곧바로 그 지역 대리점에서 납품하여 매출로 잡는 시스템이다. 누이 좋고 매부 좋은 관계이다.

4] 판매촉진과 영업력의 강화

1) 판매촉진

판매촉진은 주로 광고/선전을 의미하지만 판매촉진 행사/Direct Marketing/전시회/e-마케팅/웹-프로모션 등으로 나누어 추진됩니다. 당사 상품은 일반대중 상품이 아니기 때문에 주로 전문잡지나 전자신문 및 상품 전시회에 참가하여 꾸준하게 광고, 선전해야 합니다. 왜냐하면 브랜드를 널리 알려 브랜드 신뢰도를 높여야 믿고 선택받을 할 수 있으니까요. 당사는 다행히 40여 년간의 브랜드 이미지가 축적되어 있어 차별화의 기본이 될 수 있습니다.

이상을 종합하면 경쟁시장에서 기존의 M/S를 탈환하고 그 지위를 향상하려면 전국적인 거점마련과 대리점확보를 통한 시장 커버리지를 극대화해야 합니다. 소기업 단위의 경쟁사가 많아 원가우위 전략은 한계가 있고(생산자동화 필요) 차별화전략 역시 미약한 브랜드력 하나만으로는 어려우니 상품구색을 하루빨리 갖추고 다른 중소 경쟁사가 따라오지 못하는 전국적 유통망을 구축하여 주택시장의 체인화와 전기제어기기 시장에 집중해야 합니다.

2) 영업력의 강화

무엇보다도 성숙기 시장에서는 영업력이 강해야 합니다.

"가격으로 주목하게 하면 3류 장사꾼, 가치로 주목하게 하면 2류 장사꾼, 가슴으로 주목하게 하면 1류 장사꾼이라고 합니다. 상품을 팔지 말고 진심을 팔라는 뜻이니 이제부터 영업팀은 이상의 격언을 가슴에 안고 재건의 첨병이 되어야 합니다.

영업은 우선 영업전략(유통확장)에 따라 목표고객을 선별할 줄 알아야 하고, 둘째 그들 고객(대리점/회사)의 Needs나 특징(거래조건과 관행) 및 애로사항을 파악하고 필요한 해결책(Solution)을 제시하거나 가치를 제공할 수 있어야 합니다. 또한 시장과 고객의 동향(정보)은 물론 경쟁사의 전술과 상품 및 기술의 변화를 읽고 그 정보를 즉시 보고, 제안하는 역할도 해야 합니다.

또한 성숙기 시장에서는 영업력이 회사의 가장 중대한 역할이므로 유능한 영업맨을 선발하여 강도 높은 교육훈련을 통하여 영업역량을 강화하고 거기에 맞는 대우를 보장해야 합니다.

이상의 분석을 종합하여 내년도 사업계획을 아래와 같이 수립하도록 한다.

5-7. 사업계획 목표달성을 위한 전사 중점전략

사업계획을 시작하기 전에 앞으로 중점적으로 추진해야 할 전략을 정리해 보자.

☎ CEO의 전략과 목표제시

1) 지금까지 학습하고 추진해 온 당사의 현황(문제점/과제 등)과 목표를 깊이 인식하고 항상 입버릇 하듯 공유해야 합니다. 즉 항상 위기의식 속에 긴장하고 단합해야 합니다.

2) 영업력을 최우선으로 지원하여 영업소 개설과 대리점 복구에 총력을 기울여야 합니다.

3) 매출 회복에 관건이 되는 상품믹스 및 디자인 개선과 개발기간 단축에 총력을 발휘해 주세요.

4) 협력업체 재건에 총력을 기울이되 중점 지향적으로 육성하고 발주/입고시스템을 혁신하여 지그재그 경로를 없애고 최종업자가 모듈화하여 입고해야 합니다.

5) 자재창고를 완전 정리하여 '3정5s 규칙'에 따라 새로 탄생시켜 창고비를 줄입시다.

6) 생산시설을 처음부터 다시 설계한다고 생각하고 정비해야 하고 쉘 방식으로 개조해 나아갑시다. 궁극적 목표는 생산자동화입니다.

7) 표준품이나 가격경쟁력이 뒤지는 제품은 적극 외주화해 주세요.

8) 임직원이 신바람 나도록 후생복리는 물론 교육훈련 체계와 공정평가 제도(일상평가)를 확립하여 성과를 공유하도록 하겠습니다.

9) 전 임직원이 그 맡은바 책임과 의무를 다하도록 경영정보를 공개/공유하여 반성하고 다짐하는 기회로 활용할 것입니다.

10) 결국은 아래 5개 항목이 혁신활동의 중점 테마이며 이것을 달성하면 경영목표를 달성할 수 있습니다.

☞이상 10가지 중점전략을 염두에 두고 작성해 주세요.

도산회사 살리기

결국은 아래 5개 항목이 혁신활동의 중점 테마이며 이것을 달성하면 경영목표를 달성할 수 있는 것이다.

☞ 고객이 만족하는 상품(P)을 좋은 품질(Q)로 적정가격(P)으로 적시(D)
   에 안전(S)하게 제공하는 것 즉,

P=Products = 다품종/유연생산체제 및 신제품 개발능력과 속도

Q=Quality = 고품질화=품질지수관리=불량률/클레임 Zero 도전

C=Cost = 최저 원가=원가절감=재료비/인건비/경비->목표 제조원가 달성

D=Delivery = JIT화=리드타임과 목표 재고일수 준수(창고료+관리비+물류비)

S=Safety = 안전하고 쾌적한 공장과 사무실=근무환경 개선

☞ 5개 항목이 아무리 잘되어도 이것을 시장에 알리고 팔아야 완성되므
   로 영업력의 혁신 또한 중점 테마입니다.

6. 사업계획의 정량적 목표와 전략 수립

☎ 목차

▶ 우선 경영층의 기본방침과 전략목표를 아래와 같이 제시하니 각 팀별로 검토하여 제시하면 검증하여 최종안을 만들도록 하겠습니다.

6-1. 경영방침과 목표 수립

☎ CEO의 목표 제시

1) 투명(자율)경영과 감동경영을 실천하고

2) 모듈화를 1/4분기 내에 완료하여 재고를 3억 이내로 감축하여 JIT화하고

3) 상반기에 신상품 및 대체품(모델)을 15개 이상 개발하며

4) 안정된 품질(100PPM)을 바탕으로 일일 생산량을 5천 개 이상으로 하여

5) 매출 130억(수금110억)을 달성합시다.

도산회사 살리기

※ 사업계획 수립 시 유의사항

1) 출발점

= "우리의 고객은 어디에 있는 누구이며 우리에게 원하는 것은 무엇인가? 그들을 어떻게 감동시킬 것인가?"

사실 이 항목이 제일 중요하고 정확해야 하기 때문에 평소에 많은 자료와 정보를 수집하여 팀 간 공유하며 충분히 협의하여 구체적으로 숫자화하고 검증해서 작성해야 한다.

목표는 항상 불가능에 가까워야 긴장하며 열정과 추진력이 강해져서 회사는 물론 본인의 발전에도 도움이 된다. 소극적 목표는 나태해지고 동기유발을 방해하여 사고를 내기도 한다.

당사의 현 상황과 경쟁 환경에서 가장 우선해야 할 과제는 현 시장에 맞는 마케팅전략을 수립하는 것입니다. 성숙기 시장에서 즉 Life-Cycle 마케팅전략 상에서 점유율을 높이고 효율도 높이고 가치도 높여야 하는데, 우선은 점유율을 높이는 전략을 수립하도록 합니다.

즉 각 지역 상권 특성에 맞는 1:1 맞춤 전략(주택업자 Network화)과 고객지원 차별화(A/S 지원/기술교육 지원)가 유효할 것이고 여기에 더하여 새로운 유통 거점을 시(市)급 도시마다 개설하고 상품의 디자인과 상품구색을 추가하면 점유율을 높일 수가 있습니다.

문제는 영업력과 상품의 구색을 갖추는 것이므로 우선 영업사원에게 강도 높은 교육훈련을 실시하고 동시에 구색상품 개발에 총력을 기울여 주시기 바랍니다.

원가(비용)절감 목표 수립은 어느 회사나 습관적으로 포함되는 항목인바 이 항목은 직원들 입장에서는 달갑지 않은 항목으로 생각하는 경향이 있다.

왜냐하면 담당업무도 바쁜데 덤으로 하는 업무로 생각하기 쉽고 그 성과를 공유하지 못하기 때문이기도 하다.

또한 원가혁신 활동이 어려울 때만 급조하여 실시하고 흐지부지 끝나는 경우가 많은데 원가혁신의 모든 활동은 기업의 중장기 비전과 연관시켜 핵심경쟁력 즉 수익창출 향상의 관점에서 설계되고 실행되고 지속되어야 하며 기업의 문화로서 체질화시켜야 한다.

따라서 이 항목을 설정할 때는 제안제도는 물론 '3정5s 운동'과 연관 지어 실행하되 사내 이벤트화하여 정기적으로 실시하고, 과거의 실수를 면책해야 하며 그 성과를 원칙을 세워 공정하게 공유할 필요가 있다.

특히 주의할 것은 통제가능 비용만 줄이는 데 신경 쓰다 보면 보이지 않는 자산(직원/고객/협력사 등)까지도 버리는 어리석은 절감을 하게 되는데, 경기가 호황으로 바뀌면 우리의 발목을 잡을 수 있음에 주의해야 한다. 즉 직원 사기와 충성심 약화, 우수 협력파트너와의 결별, 고정 우수고객의 이탈을 초래할 수 있다.

제품의 원가구성은 아래 표와 같은바 각 팀별로 어느 원가 부문에 속하며 어느 항목에 원가의 낭비나 절감의 요소가 있는지 파악하여 여기에 집중하도록 한다. 즉 표에서 보는 바와 같이 원가는 비즈니스 시스템 전체로 구성되므로 어느 한 부서만의 과제가 아니라 전사적으로 누구나 관심을 가져야 한다.

손익계산서

기업이 성장, 발전하려면 이익을 내어야 하고 그것은 지상과제입니다. 위 표에서 보는 바와 같이 제조업의 이익은 경상활동에서, 그것도 구매/생산활동과 영업활동에서 발생합니다.

따라서 기업은 적기에 적량을 저렴한 가격으로 구매하고 또한 품질 좋은 상품을 적기에 적정량을 생산하여 높은 가격으로 조기에 판매해야 하는 시스템입니다.

6-3. 원가구조와 각 책임부서 규명

아래 표에서 보는 바와 같이 각 팀은 매출이익 창출에 모두 책임이 있다. 따라서 각 팀은 원가경쟁력을 높이고 매출이익 목표를 달성하기 위하여 원가혁신에 중점을 두고 다음 항목을 중점 관리한다.

1) 연구소 = 개발단계에서 목표재료비 관리 즉 표준화/공용화/모듈화/조립성 설계로 양산 전 목표재료비 달성(100%) 확인

2) 구매/조달팀 = 협력회사/시장구매-(정보탐색)-생산성/원가/품질/Lead-Time관리(JIT)=목표재료비

3) 생산/품질팀 = 생산방법(자동화)/생산성/품질/납기/설비/낭비관리=목표 제조원가

4) 영업팀 = 영업활동 효율화(방문)/매출목표(완전판매달성)/광고선전비 효율화 = 목표 매출이익

5) 지원팀 = 인건비/고정비(감가상각)/양질의 자금/외부Sourcing능력 강화=목표 인건비

개발/구매/생산/품질팀 책임 ▽	생산/품질팀 책임 ▽	영업과 지원팀 책임 ▽	매출이익	매출액
	제조 간접비	판매관리비와	총원가 (매출제품원가)	
		일반관리비		
직접 노무비 직접 재료비 직접 경비	직접원가	제조원가 (공장원가)		

그러나 기업이 어려움을 겪는 근본 원인은 시장, 경쟁, 고객의 변화에 적극적으로 대응하지 못했기 때문이지 원가절감 활동이 근본 문제는 아니다. 따라서 위기를 극복하기 위하여 비효율적인 부분을 제거하거나 개선하는 것에 집중하되 핵심역량을 육성하는 투자는 아끼지 말아야 한다.

6-4. 예산수립

예산은 행동의 원천이며 추진력이다. 강한 추진력을 지원하려면 예산이 적기/적소에 편성되고 자율적으로 집행할 수 있도록 권한을 주어야 한다. 그렇게 하여 각 팀의 예산을 집계해 보면 전사의 예상손익을 산출해 볼 수 있고 사전에 경영요소의 투입이나 손익을 조정/검증할 수 있기 때문이다. 따라서 각 팀의 예산을 아래와 같이 각각 병행 수립한다.

6-5. 손익분기점과 매출목표 산출

우선 가장 중요한 점은 도대체 연간 얼마를 판매해야 당사의 손익분기점(이익=0)을 돌파할 수 있느냐 하는 것에서 출발해야 한다. 그 이하면 적자고 그 이상이면 흑자이므로 손익분기점 매출액을 찾아야 한다.

이것을 계산하려면 회사의 모든 비용을 고정비와 변동비로 나누어야 하는데 우선은 실적자료가 부족하니까 경리팀이 주축이 되어 각 팀별로 계정과목별 예산을 작성토록 하고 이것을 집계하여 기초자료로 활용한다.

다음은 손익분기점 매출액 공식에 대입하여 당사의 손익분기점 매출액을 찾아내고 이 금액에 목표이익을 추가하여 1차 영업팀에 제시하면, 영업팀은 이 금액을 월별/제품별/모델별로 그리고 주력제품과 계절별 변수 등을 감안하고 직판 및 대리점 판매 및 신규개척을 예상하여 매출 균형을 잡는다. 그 결과 가능한 매출이면 전사 매출목표로 잡고 조정이 필요하면 해당 부서장이 몇 번이고 협의를 통하여 확정한다.

※ 예시 : 고정비와 변동비 표(제조업 참고자료)

☆ 고정비 항목	생산량이 증가해도 단기적으로는 변동이 없는 비용을 말 한다	★ 변동비 항목	조업도(생산량)에 따라 변화하는 비용이다
직접경비 (금형 대/특허)	시험연구비	직접재료비	외주공임
간접노무비	임원보수/사원급료/퇴직금	직접경비	소모품비/검사비
감가상각	사무용품/통신/접대비	판매수수료	복리후생비
임차료/보험료	감가상각비/조세공과	대손상각	수선비
지급이자와 할인료 등	재고 감모비/잡비 등	보조재료비 등	전기/가스/수도료 등

☎ 손익분기점 매출액 계산

손실과 이익의 분기점으로 0이 되는 점, 즉 비용과 일치하는 매출액을 말하며 공식은 아래와 같다.

도산회사 살리기

☞ 손익분기점=고정비÷매출액÷1-변동비=고정비÷한계이익률이며 따라서 다음과 같이 간단하게 생각할 수 있다.

즉 매출액-변동비=한계이익=고정비가 성립된다. 따라서 매출액은 크게 하고 **변동비(2)**는 적게 하거나 **고정비(2)**를 낮추어 **손익분기점(2)**을 낮추는 것이 좋다.

회사는 최소한 변동비를 넘는 매출을 해야 하며 적어도 현상유지 내지 성장하려면 변동비와 고정비를 초과하는 매출이 있어야 함을 알 수 있다.

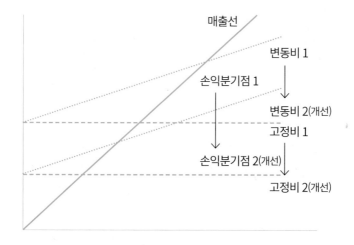

한계이익은 매출액에서 변동비를 차감한 잔액이므로 고정비를 회수하는 금액이며 동시에 순이익의 획득에 공헌하는 금액으로 공헌이익이라고도 합니다.

즉 손익분기점의 판매수량인 경우=한계이익-고정비=0이고, 이상의 판매수량이면 이익이 발생하고, 이하의 판매수량이면 손실이 발생합니다.

▶ 손익분기점 매출액과 목표이익 계산

$$= \frac{\text{고정비}}{1-\left(\dfrac{\text{변동비}}{\text{매출액}}\right)} = \frac{\text{고정비}}{1-\text{변동비율}} = \frac{\text{고정비}}{\text{한계이익률}} = \frac{\text{고정비+목표이익}}{\text{한계이익률}}$$

▶ 손익분기점 판매량과 목표이익 계산

$$= \frac{\text{고정비}}{\text{판매단가}-\left(\dfrac{\text{변동비}}{\text{판매수량}}\right)} = \frac{\text{고정비+목표이익}}{\text{판매단가-단위당 변동비}}$$

따라서 고정비를 고정(낮추고)하고 한계이익률을 높이는 방법은 변동비율을 낮추어야 하는바 원재료비 절감(구매)/한계이익률 높은 제품개발 및 판매 그리고 매출가격 인상 등을 중점적으로 추구할 필요가 있다.

☞ (예) : 손익분기점 매출액=월 고정비 5,000만 원/ 제품단가 100,000 원일 때 그 중에서 변동비가 50,000원이면 손익분기점 매출량은 1,000개가 된다. 매월 1,000개 이상 팔아야 이익이 발생한다.

7. 전사 연간 매출/수금 목표 작성

7-1. 매출목표 산출과 검증하기

우선 앞 장에서의 내용대로 손익분기점 매출액이 산출되었으면 1차로 영업부서는 제품별·월별· 거래선별로 나누어 보고 부족분은 대리점별 평균매출액으로 볼 때 몇 개를 더 개설해야 하는지, 직판 거래처를 몇 개나 더 개척해야 하는지를 검토해서 이익이 발생할 수 있는 +매출액을 찾아야 한다.

그 다음 그것이 제시된 목표 매출액과 일치되는지 재검토하여 확정한다.

매출액 목표는 아래와 같이 월별로 작성하면서 제품별·모델별로 작성해야 하고, 담당 영업사원별·거래선별로 배분해서 작성해 봐야 달성 가능성을 확인할 수 있다.

또한 목표를 상품별로 월 단위/주 단위/일 단위로 나누고 거래처별로 구체화하면 할수록 달성 여지가 커지고 자신감을 높일 수 있다.

※ 예시

매출/월별	합계	1~12월	비고
전사 매출액 목표 (수량/금액)	120억	00	

-개인별/제품별/월별/거래선별 목표로 세분화	000	00	
	000	00	
	000	00	
	000	00	

7-2. 전사 수금목표 산출과 검증

자금계획은 상품판매 대금의 회수와 영업 외 수입 그리고 외부 차입으로 이루어지며, 자체 상품판매 대금의 회수로 운영되는 것이 가장 바람직하나 현금으로 판매되는 상품 이외는 대부분 외상 매출 이므로 매출 회전율과 회수일에 의존하게 된다.

◆ 매출채권 회전율 목표는 연 4회 (매출액÷매출채권)로 정하고
◆ 매출채권 회수일 목표는 3개월 (12개월÷회전율)로 수립한다.

따라서 수금목표는 매출채권 회수일(회전율)을 기준으로 회사의 영업정책이나 자사 상품의 시장지배력(독점/기술선도/신상품 등)에 따라 현금 수금이나 외상 월수를 결정할 수 있는데, 우리는 그런 입장이 아니므로 위 2가지 조건을 자금 부서와 협의 후 확정토록 해야 한다. 왜냐하면 영업의 수금 목표에 차질이 발생하면 외부 차입으로 채워서 부도를 방지해야 하기 때문이다.

수금목표를 매출목표와 연동하여 월별로 작성하고 회수일 목표에 맞게 아래와 같이 작성하되 담당별/거래선별/제품별로 작성한다.

수금/월별	합계	거래선	1~12월	비고
수금 목표(담당별/제품별/거래선별)	110억	A	000	
	110억	B	000	
	110억	C	000	
회수일 목표	90일	A	00	
	90일	B	00	
	90일	C	00	

　　따라서 영업팀은 회수일 목표를 필히 준수해야 하며 매월 시장변수에 따라 조정이 불가피할 때는 사전에 자금부서와 협의를 거처 확정해야 한다.

8. 각 팀별 목표와 전략 수립

8-1. 영업팀

영업팀은 7장에서 매출과 수금목표가 결정되었으므로 예산수립부터 시작한다.

1] 판매관리비 예산수립

판매비 예산은 목표매출을 달성하기 위하여 필요한 비용이므로 경쟁환경에 맞게 작성하되 손익계산서(원가구조) 차원에서 접근해야 한다.

즉 조달 및 생산활동 그리고 자금운용과도 연동하여 조정하고(매출원가와 이자) 최적의 영업자원을 조합, 배분하여 목표 매출이익을 달성할 수 있도록 작성해야 한다.

또한 판매비 예산은 계정과목별로 과거 집행 데이터를 분석한 후 효율적으로 편성해야 하는데 지출 형태별/기능별/지출대상별 분석을 통하여 착오를 수정하면 좀 더 효과적인 예산편성이 가능하고 상품별·지역별·고객별 손익 중 어디에 집중하여 이익을 극대화할 수 있는가를 연구해야 한다.

판매비는 다음과 같은 계정과목으로 작성하되 그 편성근거 자료를 첨부하여(실제 구체적 업무 추진목록이 있어야 가능) 지원팀에 반영해야 한다.

여기서 인건비는 지원팀에서 일괄하여 작성하며 회사 전체의 손익계획에 따라 조정되고 배정된다.

여기서는 지면상 대표계정 1개씩만 편성해 보고 나머지는 같은 방법으로 작성한다.

※ 예시

계정/월별	작성근거	합계	1~12월별 집행 계획	비고
광고선전비	- 전문잡지=잡지사별/00회/금액 - 전시회=00전시회/2회/금액 - 전자신문=신문사별/00회/금액 - 카탈로그=제품별/종합편/각 000매	000	0 0 0	
기타: 판매 촉진비(거래선지원/협찬/전시회)/포장/운송비(거래선별매출비중 고려)/교통여비(개인별/월별/방문코스 및 빈도별/이용교통별…)/통신비(팀별/개인별)/접대비(대상별/금액별)/수수료(판매/알선)/창고비(보험)-영업소별/월별 등				

2] 원가절감 목표

사실 영업팀의 비용절감 목표는 2가지로 접근할 수 있다. 하나는 판매관리 비목 중 불합리하거나 낭비 부분을 절감하는 것인데 이것은 별로 효과도 없으면서 영업활동만 위축시킬 수 있으므로 처음부터 비용설계 시 행동목록을 구체화하면 낭비를 줄일 수 있다. 다른 하나는 동일 비용으로 단위당 매출을 목표보다 많이 달성하거나(방문활동의 효율화) 신규 시장을 개척하여 성과를 높이는 방법인데 후자가 훨씬 효과적이다.

※ 예시

비용항목 /월별	합계	작성근거	1~12월별 목표	비고
판매관리비 절감 목표	000	광고선전비=00 판촉비=00/교제비00 등	000	
단위당 매출증진 목표	000	중점대리점 압축지원 (방문활동 효율화)	000	
신규시장 추가 개척 목표	000	검색=가망고객 발굴->가능고객 집중화	000	
광고 선전의 효율화 등	00	전문잡지/전시회 참가= 효과 극대화 중심	000	

결국 판매비의 절감은 영업활동(방문효율/설득효율/지원효율 등)에 따르는 행동의 낭비와 상품의 낭비(잘 팔리는 것/이익 많은 것/모델 부족 등) 및 판매도구(광고 선전/판촉물 등)의 낭비에서 찾을 수 있다. 이상과 같이 대상을 정하고 분석해 보면 의외로 절감의 소지가 많다.

판매관리비는 주로 교통 여비나 통신비 및 교제비가 그 대상인데 교통 여비는 방문코스와 이동수단의 합리화로, 통신비는 개인용무와 불요불급한 통화의 절제로, 교제비는 선물의 합리적 선택이나 불필요한 2차 음주 절제 등의 방법으로 절감할 수 있다.

매출증진은 대리점의 손익분기점 매출이나 고정고객 유치방안 또는 자체 판촉이벤트 지원 등 영업컨설팅을 지원해 주면서 목표를 향상시킬 수 있고, 신규시장 개척은 현재의 상권 이외 지역이나 산업(공단)을 탐색하여 새로운 용도를 개척하는 방안이 있다.

▶ 광고선전비는 상품에 따라 그리고 경쟁 상황에 따라 광고 선전 방법이나 추진 형태가 달라야 하므로 당사 상품의 경우 전문잡지나 카탈로그 또는 전시회 참여 등으로 효과를 높여 절감할 수 있다.

3] 전략목표와 과제의 해결책 수립

영업의 전략목표는 손익분기점 이상의 매출을 달성하는 것이다. 따라서 그 준비 과정이 치밀하고 구체적이어야 한다.

따라서 처음으로 돌아가 전체 고객(시장)과 경쟁(사)상황은 물론 지역별 고객의 특성과 욕구를 파악함은 물론 그 지역 기업분포와 업종을 비롯하여 대리점의 능력 및 거래조건 등도 충분하게 분석되어야 한다.

영업의 핵심지표로서의 평가는 결국 매출과 수금목표 달성에 있으므로 그 지표는 매출액 영업이익률과 손익분기점률의 향상에 있다. 이것은 매출액에 근거하므로 완전판매를 통하여 반드시 실현되어야 한다.

영업의 전략과제란 영업의 유한한 자원을 효율적으로 집중하여 성과를 향상시키기 위한 과제로서 매출/수금 목표를 차질 없이 달성하려면 그것을 구체화하고 계량화한 후 시한을 정하고, 목표별로 그리고 거래처별(대리점)로 계열화하여 검증과정을 거치되, 목표량을 강제 할당하거나 갑의 지위에서 압력을 행사하는 방법이 아니라 그들의 Needs와 애로를 파악하여 상생하는 영업, 즉 가치를 제공하고 애로를 해소해 줄 수 있는 컨설턴트로서의 역량(영업 솔루션)을 개발해야 한다.

특히 성숙시장에서 광범위한 시장을 모두 탐내지 말고 앞서 선택한 표적시장을 중심으로 가장 활발한 시장을 공략하되 대기업이 집중하는 시장에 올라타거나 그 틈새시장에서 보물을 캐야 한다.

영업직원들은 능력이나 경력의 차이로 그 성과에 차이가 발생하므로 직무할당 시 개인역량에 따라 능력에 맞도록 교육은 물론 업무의 중요도와 관할지역의 배분 등을 고려해야 한다.

영업의 과제는 성과과제와 일상과제로 나눌 수 있는데 성과과제란 중점적으로 회사의 이익에 반영되는 과제로서 3~4개가 적당하고, 일상과제는 관리상 일상적, 반복적으로 발생하는 과제들이다.

아래 예시사항들은 제8장 4/4분기 사업계획에서 실습하였으므로 여기서는 대표되는 제목만 표시하도록 한다.

※ 예시

◈ 중점목표와 과제 (팀장)	담당목표와 과제 계열화	행동목록	납기	평가
◆ 성과목표				
1. 매출/수금 목표 (130억/110억)	- 담당별=거래처별/ 제품별/월별/일별/ 매출/수금목표	- 일별 /거래처별 방문수주	매일	
기타 신 시장 개척목표				

◆ 일상과제				
1.영업활동의 스킬향상 교육	- 기본매너/상품지 식/설득화법/상법 지식 교육	- 현장체험과 전달 교육 및 스킬 전수	매주 토요일	
기타 방문빈도와 코스 합리화/신 시장 개척활동/시장정보 보고/매출수금 보고/ 경비정산 보고 등				
◆ 사장/상사특 별 지시사항				

이상에서도 팀장의 목표/과제를 담당자의 목표/과제로 계열화하여 서로 어긋나는 일이 없도록 작성하고 실천해야 결과가 일치되고 정확한 평가가 가능하다.

4] 실행결과의 체크와 반영

이상의 목표나 과제를 실행하면 반드시 결과를 체크하고 다시 반영해야 한다. 여기서는 실행 전 단계이므로 항목만 표시하도록 한다.

특히 영업활동의 체크는 매일 본인 및 팀장이 실시하도록 하면서

당사의 경우 매출회복이 지상과제이므로 매주 월요일 조기 출근하여 함께 체크하되, 월말에는 5일 마감하여 회장과 함께 결과를 보고하고 동시에 다음 달 계획을 논의하도록 정기화하였다.

8-2. 생산팀의 생산목표 수립

1] 생산목표 수립

전사 생산목표는 영업 팀의 판매목표가 수립되면 그와 연동하여 결정되며, 다만 월별로 제품별/모델별/라인별로 생산량을 배분하고 영업팀과 협의하여 표준재고를 설정한 후 영업의 판매성과에 따라 가감 조정한다.

생산목표는 '매기 판매목표 수량 + 월말 적정 재고량(평균) - 월초 재고량'을 감안하여 결정하되 계절성과 경기변수를 반영하고 제조 설비 및 고용의 안정 차원에서도 검토해야 한다.

즉 잘 팔리는 제품과 이익이 많이 나는 제품에 집중해야 한다.

월별 수주 생산의 경우는 거래회사의 연간 판매 예상수량(금액)을 사전에 입수하여(최소 3개월 단위) 이것을 기준으로 삼아 확정 수주량+ 차기 예상 수주량을 감안하여 생산하고 월말 재고를 반영 조정한다.

아래 표는 제품별 월별 생산계획이지만 이것을 생산 라인별/제품별/ 모델별/인당/시간당으로 작성하여 운영하고 생산성 지표로 관리한다.

※ 예시

◆ 전사 생산/월별	규격	합계	1~12월	비고
1. 생산계획	- 라인/제품/모델별/ 인별/시간	000	0000000	

| A라인 00제품 | -a모델 | 00 | 000000 | |
| B라인 00제품 | -b모델 | 00 | 000000 | |

2] 생산팀 예산수립

생산팀의 예산도 생산에 필요한 비용을 아래 계정과목에 따라 작성하여 지원부서에 반영시켜야 하며, 회사 전체의 손익계획에 따라 조정해서 배정하고 인건비는 지원팀에서 일괄 작성토록 한다.

생산팀의 예산수립은 영업 팀의 매출액(수량) 및 목표 재고와 연동하여 작성한다. 즉 손익계산에서 제조경비는 곧 제조원가며 매출이익을 결정하기 때문이다.

따라서 실적 원가요소를 분석하여 원가 구성이 생산성 향상을 위하여 최적 배분되도록 수립한다. 즉 목표 매출원가에 적합하도록 편성한다. 그 결과 목표 매출액이 달성되면 목표 영업이익이 달성되기 때문이다.

※ 예시(제조업)

계정과목/월별	작성근거	합계	1~12월	비고
재료비	BOM 기준/직접/간접	000	0000…….	
노무비	직접/간접 노무비	000	0000…….	
제조 경비	계정과목별 외주/소모품 등	000	0000…….	
총 제조비용				
+기초 재공품				
합계				

-기말 재공품				
제품제조원가				

3] 팀의 원가절감 목표

생산팀의 원가절감은 단위당 생산성과 효율성 향상에 달려 있다, 따라서 그 대상은 사람, 기계, 재료이며 다음의 7대 낭비를 줄이거나 제거하면 된다. 즉 '과잉생산/대기시간/운반로스/가공낭비/재고낭비/동작낭비/불량품낭비'이며, 이것을 1:1로(프로세스 공정별) 현상을 분석하여 제조원가를 절감할 수 있다. 즉 지금과 같은 극심한 경쟁 환경 속에서는 **'제조원가=매출액-목표영업이익'**이 되도록 힘써야 한다.

또한 생산방법을 라인생산에서 셀 방식 또는 자동화 방식으로 혁신할 필요가 있다.

※ 예시

절감대상 및 목표	목표 금액	작성근거	실행목록	납기	평가
1. 사람/자재/ 설비-낭비제 거 목표	000	7대 낭비 분석 - 과잉생산 - 대기시간 - 운반로스 - 가공낭비 - 재고낭비 - 동작낭비 - 불량품 낭비	- 3정5S 추진 - 눈으로 보는 관리 - 품질분임조		

2. 노동/자본 생산성 향상 목표	000	- 1인당 생산량 - 노동 장비율 - 설비효율 등	= 생산량/인원수 = 유형 자산/종업원/부가가치의 비율 = 시간×성능×양품율		

4] 팀의 전략 목표와 과제의 해결책 수립

판매계획에 따라 품질은 물론 생산량과 납기를 준수해야 하며 항상 안전재고를 확보해서 영업의 기회손실을 막아야 한다. 따라서 전략목표와 과제 역시 생산수단의 혁신과 생산성 향상 및 품질에 두고 작성한다.

생산팀의 평가지표는 '종업원 1인당 생산액/제조원재료와 경비 비율/재고자산회전율/고정비와 변동비율'을 중점적으로 반영한다.

따라서 생산팀의 전략과제는 노동생산성과 생산방법의 혁신 및 7대 낭비제거를 통하여 품질을 안정시키고 제조 원재료 비율 및 경비율을 낮추는 노력이 필요하다.

핵심목표와 과제(팀장)	목표와 과제의 계열화(담당자)	행동목록	납기	평가
◆ 성과목표				
1. 일일 생산목표 (5천 개 이상)	= 일별/제품별/모델별/라인별 생산목표	- 일일 생산목표=000 - 제품별=A00/B00/C00 - 라인별=1-라인00과 2-라인00	매일	
기타=생산방법의 혁신목표(셀 방식/자동화/외주생산)/PPM 품질목표 등				

◆일상과제				
1. 생산관리	- 자재/인원/설비	소요자재/필요인원/설비보전/공정관리/표준관리 등	매일	
2. 품질관리	- 제품별/라인별	-검사 인원/기기/품질표준	매일	
3. 납기관리	- 제품별/라인별	-제품별/라인별 요구납기	매일	
◆ 사장/상사 특별 지시사항				

5] 생산팀의 체크와 반영

▶팀장은 생산활동 결과를 매일 체크하여 CEO에게 보고한다.

▶매주 월요일 조기 출근하여 CEO와 함께 한 주간 현황을 체크한다.

▶월간활동을 회장과 함께 체크하고 반영하며 다음달 계획을 보고한다.

8-3. 자재팀의 구매/조달 목표

1] 원·부자재 조달 및 구매 목표

구매/조달 목표는 생산계획이 확정되면 제품별 Part List에 따라 작성하며 예상불량률과 loss 를 반영하고 기존 재고를 감안하여 발주한다.

자재조달 및 구매예산은 매출(액)예산과 재고 및 제조(액)예산에 결부시켜 작성해야 한다. 즉 제조계획을 실현하기 위하여 투입해야 할 원재료비 관련 비용으로서 직접재료비와 간접재료비 및 제조 간

접예산으로 구성된다.

구체적인 금액예산은 원단위 표를 기준으로 단가(표준가격/구입가격/계약단가)와 수량을 적용하여 계산하되 원가, 납기, 품질에 중점을 둔다.

구매/조달 업무는 회사이익과 직결되므로 불황이나 경쟁격화로 회사가 위기에 봉착하게 되면 어느 회사든 제일 먼저 구매단가 인하 압력을 받게 된다. 이때 "단가 후려치기"가 제일 쉽고 간단하여 갑의 강력한 요구가 떨어지면 별수 없이 압력에 굴복하게 된다. 협력업체도 별수 없이 다시 하청업체에 똑같은 요구를 하게 되는 악순환이 일어난다. 결국은 요구단가에 맞추기 위하여 값싼 원자재를 쓰든가 규격을 변경하여 납품하게 되고, 그 결과 본 상품에 불량이 발생하거나 내구력이 저하되어 매출이 감소하니 모두가 낭패를 보게 된다.

따라서 장기적으로 미리 협력업체와 긴밀하게 소통하고 정보를 교환하면서 공동개발이나 원가절감 노하우를 지도하고 공유하여 서로 신뢰를 쌓고 윈–윈 할 수 있도록 평소에 꾸준한 육성 노력이 필요하다.

"하수(下手)는 값싼 제품 찾고 고수(高手)는 경쟁력(역량)을 산다."라는 말을 항상 명심하도록 하자.

※ 예시

품명	재료 명(Part List)	규격	금액	1월~12월	비고
A제품용	a재료/부재료 b재료 c재료	BOM 기준	000	a=000……. B=00……. C=00…….	
B제품용	상동				

2] 팀 운영예산 수립

자재팀의 운영예산은 원부재료비를 제외하면 제조부서의 파트너로서 제조활동에 지장이 없도록 지원하는 데 필요한 경비로서 인건비와 일반경비로 구분되며, 인건비는 지원부서에서 일괄작성하고 나머지 창고료/소모품비/복리후생비/교통여비/운반비 등은 아래와 같이 작성한다.

※ 예시

계정과목	작성근거	월별/1~12월	합계
1. 창고비	-포장재료비 -운반구/적치 대비 -입출고 계산 -보관료 등	000	000
기타=보험료(화재예방과 대응)/소모품비/사무용품비/복리후생비(지정복/간식비)/교통여비(시내/시외 교통여비/숙식비)/통신비(전화/팩스)/운반비 등도 위 표와 동일하게 작성			

3] 원가절감 목표

원재료비는 제조업의 경우 인건비를 제외하면 원가구조에서 보는 바와 같이 제조경비의 대부분을 차지한다. 따라서 구매는 원가절감의 핵심요소이며 경영활동의 출발점으로 인식해야 한다. 따라서 시중 구입 일반 재료비는 견적가 또는 도매가격이 적용되지만, 장기 납품 재료비(부품)일 경우는 경쟁가격 또는 계약단가로 적용되므로 이때 장기적 안목(협력업체 육성)과 협상 능력이 중요하다.

따라서 자재/구매부서는 항상 시중의 가격 동향이나 정보를 꾸준하게 살펴서 협회의 공동구매나 해외조달 등 제조원가상에서 경쟁사 대비 또는 업계 평균보다 재료비 구성비가 낮도록 노력하여 목표 재료비를 준수해야 한다.

※ 예시

재료비명	품명	규격	기준단가	협상단가	절감액
1.당초 구입/외주재료비 금액 (——원)	1. 2. 3		000	00	0
2. 당초 계약 재료비 금액 (——원)	1. 2. 3.		000	00	0
3. 사업계획 재료비 합계	0000000 원	=대비 절감액(%)->목표재료비 달성 여부			000(%)원

4] 팀의 전략목표와 과제의 해결책

자재(구매)팀의 핵심과제 역시 Q/C/D에 두고 표준품질(KS)의 재료를 표준(적정)가격으로 납기에 맞추어 공급하여 생산에 차질이 없도록 지원하는 데 있다.

또한 협력업체를 선별하여 중점적으로 육성하여 원천단계에서 Q/C/D를 관리하도록 한다.

따라서 팀의 평가지표는 재고량의 적부(재고자산회전율), 구입량의 적부(단위구입비 비율), 구입시기의 적부(표준/안전재고량), 구매효율(과부족률) 등을 지표로 하여 핵심 목표와 과제를 아래 예시할 수 있다.

※ 예시

팀장의 핵심목표/과제	담당자-목표/과제 계열화	행동목록	목표 일자	평가
◆ 성과목표				
-원재료구입=000 -외주/부품구입=000 -소모품구입=000 -기타=00	A/B/C 각 000 A/B/C 각 000 A/B/C 각 000	-업체별 금액진도 확인 -업체별 납기진도 확인 -업체별 표준품질 확인	입고 기준	
기타=구매 및 발주시스템 전산화=구매업무 표준화=발주/입고 시스템 재설계				
◆ 일상과제				
1.입고-재고-출고 활동	-입고관리 -재고통제 -출고관리 -창고의 환경 관리	-입고-계수보관 -재고-선입선출 -출고-계수-이동 -제습/먼지/환기 등	12월 말	
2. 기타 : 발주시스템 개선/시장동향조사(경쟁가격/협력사)/교육훈련 등				
◆ 사장/상사 특별 지시사항				

5] 자재팀의 체크와 반영

▶팀장은 조달/구매활동 결과를 매일 체크하여 CEO에게 보고한다.

▶매주 월요일 조기 출근하여 CEO와 함께 한 주간 현황을 체크한다.

▶월간활동을 회장과 함께 체크하고 반영하며 다음달 계획을 보고한다.

8-4. 품질관리팀의 품질목표 수립

1] 생산품질과 수입검사 품질 목표

생산 불량은 원천적으로 설계품질로부터 시작되어 제조과정에서의 불량(작업)과 자재의 결함 등으로 발생한다. 따라서 설계품질을 제외하면 제조품질은 생산라인에서 발생하며 작업자의 부주의와 미숙이 중요 원인이고, 또한 내·외부로부터 조달되는 부품과 자재에 기인한다.

생산 불량을 최소화하기 위해서는 작업표준이 계속 업데이트 되어야 하고 작업자의 교육이 필수다. 그러나 사람이 하는 일이라 작업자의 태도나 컨디션 내지 숙련도에 따라 차이가 발생하므로 생산자동화를 고려하나 그것도 안정될 때까지는 불량발생을 피할 수 없다.

팀장목표와 과제	방법	1~12월	납기	평가
1. 생산품질 목표(100PPM)	-제품별/라인별 (작업자별)목표	-1차 00ppm 6월 말까지 -2차 00ppm 12월 말까지	연말	
2. 수입검사 품질목표 (00PPM)	-업체별/부품 (자재)별 목표	-상동	연말	
3. 품질비용 목표(제조원가 대비%)	-예방비용 00 이하 -평가비용 00 이하 -실패비용(A/S) 00 이하	-각 월별 평가	매일	

2] 품질관리팀의 예산수립

품관팀의 예산도 인건비는 지원팀이 일괄 작성하며 나머지 경비 예산은 검사 기자재비/소모품 비/검사수수료/교통여비/회의비/복리비 등으로 구성된다.

예산수립은 반드시 근거자료를 명시하여 지원팀에 제출해야 하며 여기도 전사 손익 차원에서 검토 후 배정된다.

※ 예시

계정과목	작성근거	합계	1~12월	비고
검사 기구/ 소모품비	-마모 x 00개 -고장+수리 또는 구입 00개 -분실(원인) x 00개 등	00	000	
기타=통신비(팀/개인별)/ 검사수수료(대상별/일별/월별)/ 교통여비(개인별/용무별) 회의비(주제별/매일/매주/매월)/ 복리비(회의비/간식비 외)				

3] 팀의 원가절감 및 낭비 제거

품관팀의 원가절감은 품질목표를 준수하고 품질비용을 최소화 하는 것이다.

사실 원가절감 목표는 자체적으로는 그 대상이 미미함으로 전사의 테마로 3정5S를 주관하도록 하여 7대 낭비제거에 집중하도록 한다.

3정5S 운동은 원가 및 낭비 제거의 핵심활동으로서 2가지 목표로 운영할 수 있다.

하나는 본래의 원가 및 낭비를 제거하는 활동이고 다른 하나는 분임조 활동과 함께 전사의 이벤트로서 팀원 간의 소통은 물론 팀대 팀 그리고 전사의 소통도구로 활용하는 것이다. 즉 이 운동을 매월 한 번씩 조회 겸 경연대회로 활성화하여 표창/포상하면서 임직원의 사기를 북돋아 주는 기회로 삼아 적극 활용하도록 한다.

3정5S 운동을 통한 절감운동 및 개선테마는 각 팀별로 분임토의를 거쳐 월별 내지 연간과제로 이관 받아 품관팀이 총괄하도록 하며 전사 업무프로세스 혁신도구로 활용하도록 한다.

※ 3정5S 활동의 예시

◑문제의 현재화->원인추구->원인제거->재발방지

◑문제(낭비)=버려진 돈->이익으로 환원

5S는 모든 개선활동의 근간이며 낭비요서의 제거를 통하여 효율 극대화가 가능하다.

5S활동은 청결하고 쾌적한 직장은 물론 조직원의 안전, 보건과도 관련이 깊으며 모든 직원이 즐거운 마음으로 일할 수 있게 함과 동시에 효율이 높은 직장을 만든다.

★ 3정5S 운동의 기본이론

★ 5S 활동의 이해와 효율 극대화

5S는 모든 개선활동의 근간이다
회사 내 모든 낭비요소의 제거 ➡ 효율 극대화

원가절감항목	작성근거	목표금액	1~12월	평가
3정5S 낭비제거 효과	-7대 낭비 제거	00	000	
불량률 감소 효과	-표준재료/표준생산	00	000	
품질비용 절감	-예방/평가/실패비용	00	000	
지렛대 효과	-생산/자재/영업/지원	00	000	

4] 핵심목표 및 전략과제와 해결책

품관팀의 핵심목표는 불량을 사전예방하고 방지하여 고객을 만족시키는 것이므로 설계불량/제조불량/관리 불량 중 제조불량과 관리 불량 및 수입검사 불량방지에 전략과제가 집중되도록 한다.

특히 구매/조달 부품은 원류단계에서 100% 품질보증이 필요하다.

따라서 품관팀의 평가지표는 제품불량률과 자재 불량률 목표달성 여부에 달려 있으며 중점 성과 목표는 아래와 같다.

도산회사 살리기

◆팀장 핵심목표와 과제	담당 목표/ 과제의 계열화	행동목록	납기	평가
◆성과목표				
-생산/불량률 목표 =100ppm	-라인별/제 품별 목표	-표준준수/검사철저 -검사원 교육	매일	
-기타=수입검사 불량률 목표(업체별/부품별 목표) / 품질비용 목표(평가/실패(AS)비)				
◆일반과제				
품질표준서 관리	-정기 업데 이트 -검사원 교육	-조달품질 표준서 -생산품질 표준서	월별	
A/S관리/ PL법 대 응 (신속/정확/친절)	-수리/반품 비용 분석 -즉시 출동- 즉시 해결 -P/L법 숙지	-AS일지 분석/관리 -제품별 비용 통계 -보험 등 대책	매일	
◆ 사장/상사 특별 지시사항				

5] 품질관리팀의 체크와 반영

▶팀장은 품질활동 결과를 매일 체크하여 CEO에게 보고한다.

▶매주 월요일 조기 출근하여 CEO와 함께 한 주간 현황을 체크한다.

▶월간활동을 회장과 함께 체크하고 반영하며 다음달 계획을 보고한다.

▶특히 QCC 활동은 각 팀별, 월별 활동결과를 보고한 후 전사 경진대회
를 개최하여 포상하고 격려한다.

8-5. 연구소의 R&D 목표

연구소는 아직 자체적으로 신제품을 개발할 능력이 부족하므로 외부 용역팀과 공동개발에 참여하여 그 노하우를 습득하는 것이 급선무다.

따라서 우선은 영업팀과 작성한 개발 로드맵에 따라 우선순위를 결정하여 영업팀의 기회손실을 최소한으로 줄이기 위한 구색 맞춤 개발에 집중한다.

특히 연구소는 과거 진행하여 왔던 개발 프로세스를 공정별로 분석하고 어느 공정에서 문제가 많았고 시간을 허비했는지 분석·파악하여 경쟁사 수준으로 개발기간을 단축하도록 한다.

1] 신제품 개발목표

신규 개발품명	개발프로세스와 일정 (문제가 많았던 공정표시=적색)	납기	평가
A제품개발 (10개 모델)	-제품기획-승인-설계-금형-시제품-품평-수정-양산테스트-시장테스트->양산	4~5개월	
B제품개발 (5개 모델)	-상동		

2] 연구소 예산수립

연구소 예산도 인건비와 후생복리비는 지원팀에서 일괄 작성하며 여기서는 R&D에 필요한 과목만 예산에 반영하도록 한다.

계정과목	작성근거	합계 금액	1~ 12월	비고
연구기자재구입	-시험기구-규격*수량*단가 -연구기구-상동 -Sample/소모품 등	000	00…	
기타=소모품비(시험/연구/관리)/ 출장여비(목적/행선/기간)/ 회의비(목적/주제/빈도) 통신비(팀과 개인)/견본구입비(목적/품목/수령) 등				

3] 팀의 원가절감 목표

연구소의 원가절감이야말로 원천적인 기능이며 공용설계/표준설계/모듈화가 그 핵심이다. 공용설계는 다른 여러 제품과 부품이나 재료를 공용할 수 있게 설계하여 목표재료비를 달성하고 조달비용 절감은 물론 조립시간을 절약하여 생산성을 향상시키는 것이고, 표준설계 역시 조립시간과 비용절감은 물론 납기를 단축하여 기회손실을 줄일 수 있다.

또한 연구소의 다른 한 가지 중요한 절감요소는 고장 시 A/S를 쉽게 할 수 있도록 설계하여 원천적으로 사후비용을 줄이는 방법인데 수리비(인건비+출장비)와 반품비용의 절감은 물론 회사이미지 개선에도 효과가 크다.

절감항목	작성근거	목표금액	1~12월	평가
공용설계효과	재료 및 부품/공정/조 립/포장 등 목표 제조 원가 달성	000		
표준/모듈화 설계효과	상동	000		

기타(AS) 설계효과	조립/수리, 교환의 편리성	000		

4] 핵심 전략목표 및 과제와 해결책

연구소의 핵심과제는 시급히 자체의 원천기술을 확보하여 스스로 시장에서 필요한 제품을 개발·공급하는 것이고, 장기간 소요되던 개발기간을 획기적으로 단축하여 선도기업 수준 이상으로 앞서가야 중소기업으로서의 기동성을 확보할 수 있다.

따라서 그 평가지표는 원천기술 확보수준(%)과 개발속도(경쟁사 대비%)에 중점을 둔다.

◆ 핵심목표와 과제	목표 및 과제의 계열화	행동목록	납기	평가
◆ 성과목표				
1. 원천기술 확보 (목표 1년)	1.CAD/CAM기능 확보 2.회로설계 3.차단/개폐기술 4.전기/전자기술	-항목별/단계별/개인별 기술교육 및 실습계획	1년 내	
2. 개발프로세스 혁신(목표 4개월)	-개발공정분석-원인파악 -특히 적자표시 부분 -개발 일정관리의 표준화	=기획-승인-설계-금형-시제품테스트 보완-양산테스트-양산 -P_D_C_A=관리 사이클 준수	4개월	
◆ 일상과제				
1. 기능 및 기술 교육	-CAD/CAM 교육	-개인별/단계별 -자체/외부 위탁	매월	

◆ 사장/상사 특별 지시사항				

5] 연구소의 체크와 반영

▶팀장은 R&D 활동 결과를 매일 체크하여 CEO에게 보고한다.

▶매주 월요일 조기 출근하여 CEO와 함께 한 주간 현황을 체크한다.

▶월간활동을 회장과 함께 체크하고 반영하며 다음달 계획을 보고한다.

▶특히 제품개발(개량) 활동은 외주개발이므로 그 진행 상황을 계약조
건에 맞게 체크하여 차질 없도록 한다.

▶영업팀과 함께 앞으로 회사의 새로운 먹거리를 발굴하여 육성해 나
간다.

8-6. 지원팀의 총무/인사/재무 목표

지원 팀은 총무/인사/재경 기능으로 분리하여 각각의 목표를 수
립하도록 한다.

1] 총무기능의 목표와 과제

총무 기능은 회사의 자산관리와 대외 섭외 및 행사와 법률/소방/
예비군 기능으로 나눌 수 있다.

자산관리 기능은 주로 부동산과 운반구(자동차)의 취득/보수유지/
폐차 및 제세공과의 관리에 해당되며, 대외섭외와 행사주관 기능은

관공서 인허가 및 갱신과 기념행사 등을 주관하는 기능이며, 법률과 소방담당 기능은 회사업무와 연관되는 각종 분쟁의 조정 및 법적 대응기능을 비롯하여 소방법에 근거한 기구의 비치와 보전 및 교육과 훈련을 주관하는 기능이다.

예비군 업무는 예비군 동원법에 따라 위탁되는 업무를 통괄하는 기능으로서 동원관리/군장관리를 비롯하여 자체교육 및 동원훈련 지원기능으로 나눌 수 있다.

팀장의 목표와 과제	목표와 과제의 계열화	1~12월	납기	평가
1. 자산관리 목표	1. 공장 건물/토지 관리 2. 차량 운반구 관리 3. 기계설비 보전 관리 4. 제세공과 납부 관리	-자산… -차량… -기계설비… -제세공과…	연중	
2. 섭외 및 행사 주관	1. 관공서 인허가 관리 2. 회사 기념일행사 관리	-관공서… -행사…	요구 납기	
3. 법률 및 소방업무 관리	1. 분쟁조정 및 법적조치 2. 소방기구 비치/관리 3. 소방교육훈련 관리	-발생 시… -시행령… -비치/관리/교육… 	법령	
4. 예비군 관리	1. 인적사항 관리 2. 군장관리(총기/복장 등) 3. 교육훈련 관리	-기록카드… -발주/사용/보관 …. -내외 의무 기간 …	법령	

1-2] 예산편성

총무기능의 예산은 기본기능을 수행하는 데 필요한 경비로 구성
되며 그 내용은 아래와 같다.

계정과목	작성근거	합계금액	1~12월	비고
자산의 신 규구입비	-고정자산=품목*규격*수량*단가 -유동자산=품목*규격*수량*단가	000	00	
-기타=유지보수비(수리보전/의무기간)/ 제세공과금(주로 지방세(재산·차량)/예비군관련 비용(복장/교육/이동)/통신비(팀별+회사전체)/ 여비교통비(목적+장소+기간+횟수)/ 회의 비(목적+횟수)/ 접대비(목적+대상+금액+횟수)/ 차량유지비(운영+수리+보험)/ 복리후생 비(식대+음료+복장+인원)/ 교육훈련비(직무별/직급별/기간) 등				

1-3] 총무기능의 원가절감 목표

총무기능은 각 팀에 대한 지원 기능이며 법적 기능에 해당됨으로
원가절감 목표는 제일 애매한 과제로 그 항목과 방법에 있어 가장
불만이 많은 부문이다. 그러나 전사 목표와 과제로서 예외를 둘 수
는 없으므로 업무 프로세스 공정을 분석하여 공정단축과 자동화 및
외주화로 시간과 비용을 절감할 수 있다.

대상항목/월별	작성근거	합계	1~12월	비고
자산구입 및 보수	-시장조사/견적/경쟁 입찰 -관리대장-내구연수/예방보전	000	0000	
제세공과 절감	세법상 선납/공제/감면/유예 혜택	00		
교육훈련비 절감	사전기획=인원/장소/시간/예 산분석 평가하여 인원차출 공 백 최소화	00		
대외 섭외비 외	기관별 특성파악/사전전략	00		

기타 소모품	-기계화/자동화 -외주/이면지/예산통제	00		

총무기능의 핵심과제는 경비와 안전관리 및 복리후생과 인허가 관리로서 그 평가지표는 제세공과 납기준수율/복리후생 만족도/화재 및 도난예방 등으로 확인할 수 있다.

◆ 핵심목표와 과제(팀장)	목표 및 과제의 계열화(담당자)	행동목록	납기	평가
◆ 성과목표				
1. 제세공과 선 제대응(금액 및 납기준수)	국세와 지방세 대응	-국세=납기/감 면/공제 등 -지방세=상동	요구납기	
◆ 일상과제				
1. 복리후생 개선 (금액 및 납기 준수)	식단개선 화장실/휴게실개선 근무복 개선 출퇴근 버스 개선			
기타=자산의 유지보수(건물/차량/시설/기구)/ 인허가 실기 방지(시청/구청/경찰서/법원/ 주민센터 등)/ 예비군/소방 교육훈련(예비군/소방법 준수)				
◆ 사장/상사 특 별 지시사항				

2] 인사 기능의 목표와 과제

인사기능은 채용/배치/퇴사/급여/교육훈련 및 평가/포상/승·진급/퇴출관리를 비롯하여 노조/복지후생 기능으로 나누어 작성하며 예시하면 다음과 같다.

2-1] 전사 인원 T/O 및 인건비 목표

전사 인원 정원도 사업계획의 목표 손익계산서 상의 정해진 인건비 예산 범위 내에서 우선 각 기능별로 적정 정원을 보고받아 결정한다.

따라서 인건비 예산도 크게 사무직 정원과 생산직 정원의 정기급여와 각종 수당 및 상여금을 포함하여 수립한다

※ 예시(팀별 T/O)

연도별	지원팀	영업팀	생산팀/생산직	자재팀	품질팀	연구소팀	합계
2017	00	00	00/00	00	00	00	0000
2018	00	000	00/000	000	00	000	0000
증감	0	0	00	0	0	00	000

▶인건비 목표

팀명	T/O	기본급+수당+상여금 외 1~12월	합계	증감
지원팀	00	0·········0	00	0
영업팀	00	00·······.0	00	0
생산팀	000	000······..0	000	0
자재팀	00	00·······.0	00	0
품질팀	00	00········.0	00	0

연구소	00	00·········.0		00	0
합계	000			00000	00

2-2] 인사 기능의 예산수립

인사 기능의 예산수립은 주로 인건비 예산이며 사무직과 생산직으로 나누어 수립한다. 그밖에 채용비용/교육훈련비/소모품비/출장여비/사무기기/통신비 등이다.

※ 예시

계정과목	작성근거	합계금액	1~12월	비고
사무직 인건비	-팀별/직급별/급·호봉*기본급	0000	000….	
생산직 인건비	-생산직*시간*기본급 -일용시간*시간*기본급	0000	000….	
기타=통신비(개인별+팀)/ 교육훈련비(직무/직급/기간/단가)/ 소모품비(사무용/청소용) 회의비(목적별/빈도/인원)/ 출장여비(목적/행선지/기간) 등				

2-3] 인사기능의 원가절감 목표

인사팀의 원가절감 항목은 인건비인데 사무직은 고정비 성격의 경비로서 절감 방법이 제한적이다. 그러나 사무자동화를 통한 절감 방법과 반복 표준 업무의 외주를 통하여 절감이 가능하다.

생산직의 경우도 표준화되고 안정된 제품을 외주생산하거나 생산을 자동화하여 인건비를 줄일 수 있다. 또한 경비직이나 청소직 그리고 식당 직원도 전문회사에 외주를 주어 절감이 가능하다.

※ 예시

절감항목	작성근거	목표금액	1~12월	평가
1. 일상 반복 업무	외주 및 자동화	00		
2. 청소/경비/식당운영 인건비	=자영/외주 비교-> 인건비 X 인원+관리	00		
3. 출퇴근 버스	자가용/외주->인건비/유지관리비 -비교	00		

2-4] 인사의 핵심전략 목표 및 과제의 해결책

인사 기능의 핵심과제는 회사 비전 달성에 적합한 인재를 채용하고 육성하는 것이며 인적 생산성을 고도화하는 데 있다.

또한 조직을 건강하게 육성해야 하는데 우선 회사 비전(목표)을 공유하고 개인 및 팀 간 갈등을 관리, 해소하며 새로운 환경에 신속 대응할 수 있도록 끊임없이 학습하고 교육해야 한다.

궁극적으로는 유능한 리더(십)를 육성하는 것인데 조직의 비전을 제시하고 개인의 비전을 다듬어 상호 목표달성을 향하여 바람직한 영향력을 발휘할 수 있는 사람 즉 직원을 이끌고, 키우고, 성장시켜 조직의 목표를 달성시키는 사람을 육성해야 한다.

또한 직원에게 복리후생 차원에서 그리고 근무만족과 행복추구 차원에서 물질적 만족은 물론 여행, 견학, 문화관람, 시식과 같은 경험을 선물하도록 이벤트를 기획할 필요가 있다.

무엇보다도 중요한 것은 공정한 평가와 임금체계를 구축하고 경영의 투명성(경영정보의 공유)을 높여 동기부여를 하면 특별 상여금을 주는 이상으로 효과를 볼 수 있다.

또한 우리 회사는 지금 재기에 필요한 많은 어려운 환경과 과제를 안고 있어 임직원 모두가 걱정과 스트레스가 많이 쌓여 있는 상태다. 이런 상황에서 강압적으로 목표나 과제해결을 독려하면 부정적 모드에 빠져 정신적 불안이 가중되고 혁신성이나 창조성이 위축되어 악순환만 계속된다. 따라서 다음과 같은 내용을 핵심전략에 반영해야 한다.

1) 현재의 어려운 상황을 공개하고 공유하면서 과제를 함께 해결하도록 독려한다.

(자율적 과제 해결 기회 제공)

2) 직원들에게 직무역량과 적성에 맞는 도전의 기회를 주도록 한다.

(열정과 몰입 유도)

3) 권위적이거나 부정적인 생각보다 긍정적인 생각(분위기)을 갖도록 유도해 주자.

(YES, OK를 많이 하고 칭찬함)

4) 미팅 시 커피타임을 갖고 스트레스와 갈등을 치료할 시간을 갖도록 하자.

따라서 인사기능의 핵심지표는 각 직무별로 지도자의 양성과 전문 인재(자격취득) 육성여부 및 교육훈련 투자비율(매출액대비)을 비롯하여 직원만족도 등으로 평가할 수 있다.

◆핵심 목표와 과제 (팀장)	목표와 과제의 계열화 (담당자)	행동목록	납기	평가
◆ 성과목표				
인재육성 목표	-리더육성 00명 -전문가 육성 00명	-팀별 1~2명 -기술사/품관사/기 능장 외	연말	
기타=교육훈련 목표(직급별/직무별 목표)/ 고과목표(일상고과/=반기/하반기) 등				
◆ 일상과제				
근태진도 관리	출·퇴근, 휴가 등	팀별/개인별 체크	매일	
기타=급여진도/근태관리/직원만족도(직원불평불만) 관리/인사규정 ,제도관리 등				

◆ 사장 및
  상사 특별
  지시사항				

2-5] 총무/인사팀의 체크와 반영

▶팀장은 활동결과를 매일 체크하여 CEO에게 보고한다.

▶매주 월요일 조기 출근하여 CEO와 함께 한 주간 현황을 체크한다.

▶월간활동을 회장과 함께 체크하고 반영하며 다음 달 계획을 보고한다.

▶특히 일간, 주간으로 체크되는 각 팀별 실적을 인사고과에 반영하도
록 제도화하며 교육훈련 결과를 중점 체크한다.

3] 재무기능의 목표와 과제

재무기능은 크게 회계/세무/자금 기능으로 분류하여 수립해야 한
다. 회계기능은 회사의 재무제표의 성립기반이며 세무기능의 원천

으로서 국세와 지방세의 근거가 된다.

또한 자금의 수급기능은 회사에 필요한 양질의 자금을 조달하고 용도에 맞게 지출하고 통제하여 자금의 선순환을 달성해야 하는 중대한 역할을 한다.

3-1] 자금조달 및 운용목표

자금조달/운영	1~12월(월별)	합계	과부족	평가
-사업계획 예산 =000원	전사=팀별/월별/계정별 예산 000……………………………	000	+ - 00	
-자금수지 목표	영업수금/차입/영업 외 손익 (현금흐름표 작성)	000	+ - 00	
-월별손익 목표	월별 손익계산서 작성	손익	손익평가	

3-2] 재무기능의 예산수립

재무기능의 예산은 제세공과/소모품비/교통여비/섭외비/복리후생비/수수료 등으로 비교적 단순하다.

※ 예시

계정과목	작성근거	합계금액	1~12월	비고
제세 공과	월별 지방세 월별 국세 기타 공과	000	000………….	
기타=소모품비(월/항목별/수량/금액)/ 복리후생비/ 수수료(월/항목별/금액) 통신비(월/팀별/개인별 금액)/ 회의비(월/목적/빈도/금액)/ 출장여비 등				

도산회사 살리기

3-3] 재무기능의 원가절감 목표

재무기능의 원가절감 항목은 양질의 자금을 조달하여 이자비용을 절감하는 것이며 연간 세무 일정에 따라 감면/공제 혜택이나 실기로 인한 과태료를 사전에 방지하는 것이 크고 실제 일상 경비항목에서는 절감효과가 극히 제한적이다.

전사 이익센터로서의 역할 상 비용절감 비법은 역설적으로 책임 불문(범법제외)의 원칙과 성과보상의 원칙이 중요하다.

※ 예시

절감항목	작성근거	목표금액	1~12월	평가
조달비용 절감	증자/신용/사채 등	000	000…….	
세무조정 절감	공제/감면/이연 금액	00	000……….	
영업 외 수익	자산매각/주식/투자	000	000…………	

3-4] 재무기능의 전략목표 및 과제의 해결책

재무기능의 전략목표와 과제는 자금조달 및 세무회계의 신속, 올바른 처리 그리고 경영정보의 신속한 생산, 보고이며 전사 이익관리센터의 역할이다.

재무기능의 핵심평가 지표는 자산, 부채, 자본의 관계비율과 회전율 등이 있으나 여기서는 우선 자금조달 실적으로서 현금흐름표가 핵심이다.

재무기능의 중요 직무는 예산을 배정하고(예산통제부) 월별로 회수하여 팀별 손익과 전사 손익에 반영하는 것이며 계획대로 진행되는지 감독, 보고하여 포상하는 것이다.

또한 원가관리는 물론 경영리스크 관리 및 재무예측을 위한 재무인력을 양성하여 재무역량도 확보해야 한다.

※ 예시

◆ 중점목표와 과제	계열화	행동목록	납기	평가
◆ 성과목표				
사업계획 목표이익 000	팀별 손익목표 (독립채산제)	지원팀/생산팀/자재팀/ 품질팀/연구소별	매일 월말	
기타=월별 비용목표(예산 배정과 통제)/ 자금조달 목표(영업의 수금/자체조달=현금흐름)				
◆ 일상과제				
세무행정의 선행관리	세무월력 수립	선납/감면/공제명세서 작성	월별	
세무/회계행정의 자동화	ERP 기반=전표입력/자동분계/ 손익관리	-경영정보의 월별 생산과 손익계산서작성	매일	
사업계획 관리	-사업계획 수립 총괄 -수정/보완관리 -손익 관리	-팀별 진도관리 -팀별/월별 수정, 보완 -팀별 목표 손익체크	매월	
◆ 특별 지시 사항				
-사장 지시사항 -상사 지시사항				

3-5] 재무기능의 체크와 반영

▶팀장은 활동 결과를 매일 체크하여 CEO에게 보고한다.

도산회사 살리기

▶매주 월요일 조기 출근하여 CEO와 함께 한 주간 현황을 체크한다.

▶월간활동을 회장과 함께 체크하고 반영하며 다음달 계획을 보고하고 경영지표를 분석, 활용하여 경영위기를 검증한다.

▶특히 각 팀의 예산집행 결과를 중점 체크하여 각각 목표원가에 차질 없도록 관리하여 주간 손익에 반영, 보고한다.

▶또한 영업의 수금과 연동하여 현금흐름표를 작성, 보고한다.

9. 사업계획의 종합평가

사업계획의 종착역은 실행 전의 계획이므로 결국 추정 손익계산서라고 할 수 있다.

즉 연구소의 R&D계획서+영업팀의 판매/수금(채권)계획서+자재팀의 구매/조달계획서+ 생산팀의 생산계획서(재고/제조원가)+품질팀의 품질관리계획서+지원팀의 자금/인원계획서가 모여 아래와 같은 전사 추정 대차대조표와 손익계산서로 집결되는 것이므로 각 팀이 시스템적으로 공조하여 회계팀의 요구, 납기를 준수해야 한다.

손익계산서 상에서 보는 바와 같이 목표수익을 달성하기 위해서는 영업팀의 매출액과 생산팀의 제조원가 계획내용이 중요하므로 여기서 추가로 제조원가 계획을 함께 살펴볼 필요가 있다.

이제 손익계산서 상에 손익이 집계되면 다시 한 번 CEO(중역회의)가 검토해 조정안(대부분 판매와 수금 및 제조원가) 을 제시하고 이것을 먼저 영업팀과 생산팀이 보완하여 승복하면 나머지 팀은 가감 수정하여 확정된다.

이렇게 확정된 목표(계획)는 각 팀별로 각각의 사업계획으로 배분(PLAN)되고 독립채산제의 형태로 팀장 책임 하에 추진(DO)하며, 스스로 매일-주간별-월별로 검토(CHECK)하여 다시 FeedBack(ACTION) 과정을 거치면, 경영관리가 매월 One Cycle 회전하게 되고 이 과정이 순조롭게 반복되면 자율관리 체계가 완성되는 것이다.

다음의 제조원가 계획과 추정 손익계산서(경상이익까지만 표시)는 최근 자료의 자동집계–자동분계–세무/회계/손익정보의 자동생산이 가능하므로 양식만으로 살펴보고, 각 팀은 당초의 목표원가를 달성했는지 검토해 보아야 한다.

★ 사업계획의 종합성적 표시
☆ 목표 제조원가계획서

재료비	① 기초 재고액	
	② 당기 매입액	
	③ 기말 재고액	
	계 ①+②-③	
제조 고정비	노무비/임차료/여비교통비/감가상각비/수선비/보험료/세금과공과 등	
제조 변동비	외주가공비/부재료비/동력연료비/운임/소모품비 등	
제조경비		
당기 총 제조비용		
기초 재공품 원가		
기말 재공품 원가		
당기 제품제조 원가		

☆ 목표 추정손익계산서

매출액	단계별 내역		
매출원가	① 기초상품		
	② 당기 매입액		
	③ 기말 재고액		
	계 ①+②-③		
매출 총 이익			
판매비 및 일반 관리비	고정비	인건비	
	고정비	경비=임차료/연구개발비/ 세금과 공과/감가상각비 등	
	변동비	운임/연료/차량비 등	
영업이익			
영업 외 손익			
경상이익			

제2절
1년 후 우리들이 이룩한 성과

결국 각 팀의 성과는 목표와 과제를 얼마나 잘 파악하고 구체화하여 행동목록으로 계열화하였는지, 그리고 그것을 관리 Cycle에 입각하여 처음부터 끝까지 반복해소 선순환 고리를 만들었느냐에 달려 있다.

따라서 회사의 경영도 임직원이 함께 사업계획을 수립하여 공유하고 각각의 전략목표를 각 기능별·팀별로 계열화한 후 경영관리 Cycle에 따라 선순환 고리를 완수하는 회사는 성공하고 영속적으로 발전할 수 있다.

명심하고 또 명심하자. 관리의 선순환 고리를 완수하자.

1. 경영지원팀 성과

1) 인사관리 프로세스 정립(채용/교육/배치/평가)

2) 목표관리와 평시 고과제도 정착(주별 고과)

3) 개인별 직무별 교육훈련제도 정착(50시간/년)

4) ERP 100%/그룹웨어 60%/홈페이지 80% 이용 달성

5) 예산제도 정착(일일결산)

6) 근로계약/취업규칙/인사급여규정/세무회계규정/경조사규정/출장여

비규정 완성

2. 영업팀의 성과(괄호 안은 전년도)

1) 매출 128억(53억)/수금 126억 달성(회수일 75일/현금: 어음비율=70:30)

2) 영업이익=154백(98백)-13% 달성

3) 영업소 개설=광주/대구 영업소 개소(기존=부산/서울)

4) 대리점 22개 확보/신규 직거래처 30개 달성(신규개척 10억 달성)

5) 상품재고 5억 이내 달성(기초 7~8억)

6) 부도채권 80% 회수

7) 마케팅전략 및 판매프로세스 정립

3. 생산팀의 성과

1) 일일생산량 6,100개(3,700개) 달성

2) 공정불량률=70PPM->30PPM 달성/품질불량률=1.0%->40PPM 달성

3) 주문-납기=12일->6일 단축

4) 매출원가율=16% 달성

5) 생산관리 프로세스 정립

4. 자재팀의 성과

1) 재고자산 목표 3억 달성(7억)=무재고 도전

2) 모듈화 1/4분기 달성(현행 6단계->3단계)

3) 재료비 목표(제조원가) 25% 달성

4) 표준품 OEM 목표 80% 달성

5) 자재관리 프로세스 정립

5. 품질관리팀의 성과

1) 공정불량률=74.9PPM->30PPM 달성

2) 수입검사 품질=0.54%->50PPM 달성

3) OEM 품질=0.89%->100PPM 달성

4) 국내 안전인증=11종 합격/ 해외인증=4종 합격

5) QCC 활동 제도화(년 6회 달성)

6) 품질관리 프로세스 정립

6. 연구소의 성과

1) 제품개발 신기종 6종 및 보완기종 2종 달성/계속 추진 7종

2) 제품개발기간 단축=7개월->4.5개월 달성(21단계->16단계)

3) 원가절감=기간단축+공용화+조립성 개선효과=1억 달성

4) 중장기 기술 및 제품개발 Road-Map 작성

5) 제품개발 프로세스 정립

☎ 제5차 조찬교육

= DIGITAL사회와 우리의 생존전략=

◎ 우리가 해야 할 일(3개년 당사의 목표)

1. ICT 사업 환경 구축

1차. 디지털 인재의 영입과 육성

2차. ERP/EDI/E-mail 등 구축을 통한 내부 경영자원 관리의 효율화

3차. 2차 결과에 따라 Internet/Home Page 구축을 통한 협력사/대리
점 및 User망 구축

4차. 모든 업무의 웹 기반 처리->시스템경영 안착=APP기반의 경영관
리시대 도래

2. 각 팀별 핵심추진 전략

2-1. 연구소=개발기간 획기적 단축과 세계 1등 수준의 기술 및 상품개발

☎ 현재 ⇨ 목표

1) 매출액 대비 R&D 투자(0.7%) ⇨ 5% 이상

2) 설계기간 : 2~3개월 ⇨ 1개월 이내(CAD, CAM)

3) 금형설계 및 제작 : 3~4개월 ⇨ 1~2개월 이내(첨단설비+전국적 외주)

4) 상품 가성비 : LG 대비 2~3년 낮음 ⇨ 세계 수준의 기능/품질/원가/
Design/color

5) 새로운 먹거리의 발굴(全無) ⇨ 센서 분야/발전설비/태양광/전기자
동차 등

2-2. 영업팀=혁신적 마케팅전략 수립

☎ 현재 ⇨ 목표

1) 유효 유통력 : 대리점 22개 ⇨ 150개

   (M/S 20% 달성) 직거래 Maker 30개 ⇨ 100개

2) 매출액 : 130억(1인당 1억) ⇨ 300억(1인당 3억+수출∝)

3) 신시장과 신상품 개척 ⇨ 패키지 상품/선박/자동차/공장자동화/에
   너지/센서/해외시장 개척

4) 새로운 브랜드 개발(ㅇㅇ전기) ⇨ 차별된 명칭+확장 or Sub Brand

☎ 경영능력은 곱셈 즉 상품력ⓧ영업력ⓧ관리력=하나라도 0이면 답은
   0이랍니다. 즉 창업기는 상품력이고 성장기는 영업력이며 성숙기에
   는 영업력 및 관리력이지요.

2-3. 생산/품질팀

☎ 현재 ⇨ 목표

1) 생산성(현재100) ⇨ 150(50% 향상)/생산자동화

2) 품질혁신 (160~200PPM) ⇨ 10PPM(표준화/측정자동화/구조개선 등)

3) 원가절감(현재100) ⇨ 50% 감축(수출단가 기준)/낭비제거/장기계약/
   공동구매/혁신설계/OEM 등

4) 납기혁신 : 7~15일 ⇨ 맞춤제작시대 도래 준비=3일(일본 48시간) ⇨
   모듈화/ 정보화/ JIT화

5) 3정5S 생활화(7대 낭비 제거)- ⇨ 월 1회 경진대회/포상

2-4. 경영지원팀=기업문화/인재육성/직무급제도 확립

☎ 현재 ⇨ 목표

1) 기업문화 정립(패배의식) ⇨ 감동 경영/자율·성과문화 정립
2) Analog 인재(PC-보조수단) ⇨ Digital 인재육성(정보마인드로 무장)

(PC-생활수단/생존수단/DATA BASE 기반)

3) 연공서열 제도 ⇨ 직무급제도+목표관리/성과급+연봉제
4) 경영관리(지시/명령) ⇨ 관리Cycle 제도+팀별 자율관리 체제

(지식경영-Digital 인재/DB 경영)

5) 건강한 조직 육성 ⇨ 감동경영 정착-고객감동+부가서비스

 -고객 불만족(내·외부) ⇨ 고객만족/인성교육(친절/질서/인내/배려/협동)

 -소통부재/갈등/학습부재 ⇨ 비전공유/소통과 자율관리/교육과 학습

철저

2-5. 재무팀

☎ 현재 ⇨ 목표

건전재무 관리(無) ⇨ 건전지표 관리(손익/생산성/사업성 등)

세무회계 자동화(시작) ⇨ ERP기반=세무회계 100%/그룹웨어+홈피

100% 활용

국내/해외투자(無) ⇨ 경영정상화-설비투자/공장이전 자금 확보/해외

유통거점 확보/현지투자 또는 M&A 등

"우리는 할 수 있다!"

이제 우리는 90일 동안 앞만 보고 달려와 내년도 사업계획까지 마무리

하였습니다. 여러분과 함께 그간의 고행을 위로하고 또한 이 벅찬 기쁨을 나누고 싶네요. 이제 마무리를 할 차례입니다. 처음의 약속대로 이제 우리 회사 100년 대계를 위한 경영의 기본구조 즉 경영이념과 사훈 그리고 장기비전과 그 달성전략을 함께 만들어 봅시다.

제5장
120일간의 열정 마무리

버릴 것 다 버리고 남는 것에 집중하는 것이 전략이다.

전략에서 략(略)은 생략한다는 뜻을 담고 있습니다. 온갖 정보를 모은 다음 그 것을 분석해 쓸모없는 것이나 잡음 또는 곁가지를 철저히 제거하고 가장 굵은 줄기가 되는 부분, 나아가 그 속에 있는 급소를 찾아내는 것이 전략이라는 말 입니다. 전략은 선택과 집중이 아니라 포기와 집중입니다.

 - 손정의 소프트뱅크 회장-

스티브 잡스, 빌 게이츠, 월트 디즈니 등 위대한 기업가들의 공통점을 찾아본 결과 그것은 다름 아닌 앞을 내다보는 능력, 즉 비전에 있었습니다. 그들은 확 고한 비전을 갖고 어떤 난관에도 흔들리지 않았습니다.

제1절
우리 회사 경영의 기본구조 만들기

이상에서 수립한 사업계획은 우선 회사를 정상적으로 가동시키기 위한 긴급조치이며 이제 장기적인 차원에서 계속 기업으로서 성장 발전하려면 경영의 기본구조를 만들고 아래와 같은 장기비전과 전략을 수립해야 하는데, 이것은 어디까지나 당사의 입장에서 기획하고 정한 것임을 첨언합니다.

따라서 전 임직원의 힘을 한 곳에 모아 재기에 몰입하고 계속 기업으로서 영구히 발전하려면 경영에 필요한 기본 틀[설계도]과 경영관리시스템을 비롯하여 공동의 이념 및 철학 등을 정립할 필요가 있다고 생각되어, 나는 소유주인 회장의 인생철학과 영위하는 사업의 성격에 맞게 다음과 같은 시안을 만들고, 회장 및 팀장이 모여 캐치볼을 통하여 협의하고 아래와 같이 확정, 공표하였다.

1. 회장의 경영이념과 경영철학 탐구 및 공유하기

경영이념이란 경영자가 기업을 영위하는 데 있어 지침이 되는 기본적인 의식, 신조를 말하며 경영철학이라고도 한다. 즉, 기업이 사회적 존재 이유를 표시하고 경영활동을 방향 짓게 하는 기업의 신조를 말한다.

설립자의 경영이념은 임직원과 공유해야 유용하며 또한 고객과도 일치하면 기업은 영속적으로 발전할 수 있다.

또한 경영이념이란 경영목적 달성을 위한 활동을 구체화할 수 있는 현실적 지침이 되는 것으로서 사시, 사훈 등으로 표현되며 아래와 같이 4가지로 만들었다.

◈ 우리 회사의 경영이념

-감동과 감사의 신바람 경영

-투명경영을 통한 신뢰구축과 인재 육성

-현장 중심의 자주관리

-끊임없는 연구와 정보경영을 통한 고객의 가치 창조

2. 사훈 만들기

　사훈이란=사주의 경영이념이나 철학을 구체화한 행동규범으로 경영목적 달성을 위한 현실적 지침이다.

◆ 우리 회사의 사훈

　*현재 이 순간을 헛되게 낭비하지 말자(최선을 다하자).

　*행동하기 전에 다시 한 번 생각하여 실수를 예방하고 미래에 대비하자.

　*내가 못하면 남이 잘하도록 도와주자.

　*양심에 따라 행동하자.

당사의 사업정의 및 장기비전과
전략목표 수립하기

1. 우선 당사의 사업을 올바로 정의해 봅시다!

사업정의란 (우리)회사가 어느 분야에서 어떤 제품이나 서비스를 만들고 제공하는지를 명확하게 제시하여 타사와 차별화하고, 그 사명을 항상 인식하게 하는 데 있다. 즉 이것을 임직원이 제대로 인식하지 못하면 헌신을 이끌어 낼 수 없다.

☆ 전기의 안전과 편익 및 효율적 사용을 위한 가치창출 사업
☆ 그 관련기기 및 시설을 유지, 통합 관리하는 사업

도산회사 살리기

2. 사업정의에 따른 장기비전의 작성

"비전 없이는 한순간도 살지 마라."라고 한다. 그만큼 비전은 기업경영의 핵심이란 뜻이다.

비전이란 장기적 발전을 위한 경영구상을 말하며 이는 조직구성원의 일사불란한 행동을 유도하고 경영자원의 효율적인 배분을 통해 미래의 추구가치를 기업과 구성원들이 공유하게 하여 임직원의 책임과 동기를 유발하게 함으로써 기업의 성장 촉매 역할을 한다..

그러나 중소기업의 경우 제대로 정립한 비전은 거의 없고 있어도 보여주기식 비전에 불과하다. 비전은 CEO의 미래 경영구상인 만큼 전 임직원이 몸과 행동으로 공유하고 꾸준하게 실천해서 살아 움직일 수 있게 구체적이야 한다.

◆ 우리 회사의 비전

1] 전기제어기기의 세계적인 강소기업이 되는 것(강소기업의 조건 3년 내 확보)

2] 고객의 안전과 편익을 위해 항상 품질/원가/납기를 선도하는 회사

3. 장기비전에 따른 전략목표

-국내외 전기제어제품 전문회사로서

-매출목표: 5천억 [M/S 목표 구성=국내 목표시장별 30% 확보/ 해외시

　　　　장 별 5~10%]

-영업이익: 15~20% 달성

-경영관리 구조=자율경영/감동경영/품질경영

-경영관리 목표=품질관리대상/지식경영대상/ Innobiz기업 등

4. 목표달성을 위한 장기전략

전략이란 비전 공유기간 동안 회사 목표/목적을 달성하기 위한 중·장기적 경영방책(수단방법)이라고 할 수 있다.

즉 내/외부 환경변화에 대응하여 기업의 목표달성에 필요한 조직의 행동 방향 및 경영자원 배분방안이라고 할 수 있다.

따라서 당사는 아래와 같이 5가지 방향에서 방침을 정하고 전략목표를 선정하였다.

◆ 우리 회사의 장기전략과 목표

- 기술=매출액 대비 5% 이상 R&D 투자를 통한 기술과 제품혁신
- 마케팅=목표시장별 M/S 30% 달성(집중화/전문화/차별화)
- 생산=정보화/자동화=3년 내 완성
- 인재=매출액 대비 0.5~1% 교육훈련 투자(전문가 양성/특허 00 목표)
- 기업문화=감동/성과/자율문화의 정착

5. 장기전략에 필요한 조직과 전략과제

◆ 장기적 조직구조와 문화

- 성숙시장=시장 중심 조직/ 빠른 의사결정이 핵심

- 팀 리더십 중심 자율관리체계=투명경영=사장 없어도 잘 운영되는 회사

- 공정한 평가와 성과공유 문화

- 다양성/창의성 지향

◆ 장기적 전략과제

- 혁신적 마케팅전략 수립=국내=틈새시장 고도화 & Network화/ 해외
  =전진기지 확보

- 기술 고도화 투자=원천기술 및 전자화 기술 확보 및 융합을 통한 신제
  품 개발

- 외주/협력 우수거래처의 확보와 육성=지역/업체의 집중화/모듈화

- 탄탄한 재무구조의 구축-핵심역량 중심 비즈니스 모델의 재검토

6. 회사의 사명과 공유해야 할 핵심가치 만들기

☎ 적어도 우리 회사가 왜 존재하는지 알지도 못하고 다람쥐 쳇바퀴 돌듯 출근하여 습관적으로 일만 한다면 전 직원이 합심하여 부가가치를 창출할 의미가 반감할 것이며 업무가 열정으로 이어지지 않을 것이다. 열정은 무한 에너지원이며 열정으로 몰입하면 배고픔도 잊고 창조적 아이디어가 샘솟기도 한다.

☎ 따라서 우리가 공유해야 할 핵심가치는 "우리가 왜 매일 회사로 출근하는가?"로부터 출발해야 한다. 즉 아래의 회사의 사명과 핵심가치를 공유하고 발전시켜 나아가는 것이다.

◈ 당사의 사명(使命)

1. 안전한 상품생산=국민의 생명과 재산을 보호
2. 임직원의 안녕과 생활보장
3. 중단 없는 부가가치 창출

◈ 공유해야 할 핵심가치

1. 수익 창출과 공유

2. 인재육성

3. 사회공헌

　이상과 같이 정리하고 함께 추진하다 보니 어느새 4개월이 흘러 경영이 정상으로 운영되고, 일취월장하니 당초의 약속을 지킨 셈이고, 그간의 열정을 되돌아보니 감회가 깊고 가슴이 뿌듯하여 함께 고생한 회장을 비롯하여 전 임직원에게 깊이 감사하는 마음을 간직하면서 이 글을 마무리합니다.

제6장

부도예방과
CEO의 책무

오늘의 명언

무한 잠재력을 인식하면 인생이 달라진다. 인간은 대개 자기 한계에 훨씬 못 미치는 삶을 살게 마련이다.

온갖 종류의 힘을 다 갖고 있음에도 불구하고 이를 채 다 사용하지 못하고 마는 것이다. 인간은 무의식중에 자신의 능력에 한계가 있다고 스스로 단정 짓고는 자신이 그러고 있다는 것조차 인지하지 못한다.

-윌리엄 제임스 -

즉 사람들은 자신이 가진 무한한 잠재력을 깨닫지 못하고 살아갑니다. 누구든지 특정 분야에서만큼은 이 세상 누구보다 더 잘할 수 있는 영역을 갖고 태어납니다. 무한 잠재력을 깨닫는 순간부터 인생이 달라지기 시작합니다.

▶부도를 방지하기 위하여 CEO가 평소에 해야 할 일은 무엇인가? 이 과제는 내가 평소에 경험한바 아주 중요하지만, 격무에 쫓기다 보면 평상시의 업무 Cycle에 묻혀 나도 모르게 소홀히 다루게 된다.

그러면 CEO는 평상시 어디에 중점을 두고 고민을 해야 될까?

▶특히 퇴직 후 새로 사업을 시작할 때에는 최소한 아래 사항을 고려해야한다
- 퇴로를 끊어 더 이상 물러설 곳이 없다는 단단한 각오가 필요하다. 열정은 쇠를 녹일 수 있다
- 가족 특히 아내의 동의와 협력이 무엇보다도 필요하다
- 내 적성과 취향에 맞는지 곰곰이 생각해 보자. 그리고 두려움, 체면(창피), 과거 좋았던 시절을 잊을 수 있는지 스스로 자문해 보자(제일 어려움 중에 하나다)
- 적어도 1년 이상 버틸 수 있는 자금이 필요하다 왜? 소문이 나고 단골이 생기고 입소문이 퍼지는 기간이 필요하기 때문이다
- 개업 전 하려는 사업/업종에서 가능한 체험을 해 보자. 그래서 인테리어-구매기술-생산/조리기술-영업기술-인력조건 등을 살펴 Know How를 배우자
- 사업을 시작하였다고 보고 미리 상품의 최적 조건(조리/생산/서비스) 및 프로세스(공정)을 표준화하여 제3자와 함께 테스트하자. 또한 모든 사업은 필수적으로 고객을 만족시킬 수 있는 우수한 품질/적정 가격/ 요구 납기가 있다는 것을 명심하자

- 개업하려는 업종에 적합한 위치를 잘 선정하자. 공단. 역세권. 시장. 성장지역. 학교 주변 등 인구밀도(유동인구/인구구성). 경쟁업체. 대체업종. 존재 유무(한 번에 검색가능 함) 확인.

이상 전제들을 다 인지하였더라도 전문가(창업컨설턴트)의 도움을 받도록 하자.

1. CEO의 기본책임과 의무에 충실해야 한다

위에서 언급한 바와 같이 계층별 책무와 실행 및 체크, 액션에 충실하자.

하나에서 열까지 잔소리하고 간섭해서는 시간 낭비와 계층 간 중복과 혼란만 초래하게 되니 사업계획 수립 시 계층별 목표와 과제를 구체적으로 계열화하여 간섭하지 말고 자율적으로 관리가 추진되도록 지원해야 한다.

경영에 집중하고 정치참여를 자제하며 관련 산업 외에 사회적 모임에 관심을 줄이자.

2. 고객(시장)의 니즈와 취향 및 기술변화를 항상 체크하자 (Road Map 작성)

국민소득의 향상에 따라 소비자의 욕구도 다양해지고 취향도 나날이 변하므로 그것에 맞추어 상품의 디자인이나 구색을 다양화하고 내용물을 융합하여 항상 가성비를 높이거나 변형하여 소비자를 리드해 나가야 한다. 즉 물이 고여 있으면 부패하는 것과 같이 상품도 라이프 사이클에 따라 진부해지면 시장에서 도태되므로, 항상 시대의 흐름을 타고 미리 다음 단계의 먹거리 2~3년분을 준비해 나가지 않으면 회사도 도태된다.

특히 주로 대기업에 납품위주의 기업은 납품담당자에게만 맡기지 말고 본사의 사업계획과 경영방침을 항상 주시하여 그 변화를 읽고 미리 대응해야 살아남는다.

시장 Trend와 함께 기술 Trend를 항상 염두에 두고 R&D 투자를 꾸준하게 지속하되, 우선 자기 회사의 기존 기술에 대한 기술 및 제품의 장기 Road-Map을 만들어 수시로 보완하면서 기술을 선도해 나아가자.

전기제품에서 전자제품으로, 유류자동차에서 전기 자동차로, 수화기 전화에서 휴대폰 등으로의 기술혁신은 하루아침에 회사를 궁지에 몰아넣거나 폐업하게 한다.

3. 매출과 수금 현황(현금흐름)을
3년간의 그래프로 표시하고 매일 점검하자

매출과 수금은 기업의 생명줄이다. 사실 사장의 최대 관심사는 매출과 수금이어야 한다. PC든 칠판이든 2~3년 치의 그래프를 그리게 하고 매일 일과가 시작될 때 증감을 체크하여 그 원인을 파악하여 사전에 대책을 수립하도록 하자. (현재는 웹 클라우드 상에서 시스템 경영)

그리고 재무지식을 갖추고(결산능력) 새나가는 돈(재고/채권)은 잘 통제하고 들어오는 문은 활짝 열어놓아라. (ERP상에서 손익 및 현금흐름 체크)

매년 손익분기점(BEP) 매출액을 체크하여 재조정하고 사업계획에 반영하자.

4. 인재를 영입하고 육성하자(학교로 찾아 나서라)

사장의 가장 중요한 역할 중 하나는 인재를 선발하고 육성하는 것이다. 중소기업은 인재의 영입과 육성이 어려운 것은 사실이나 좀 생각을 달리하면 얼마든지 능력 있는 인재를 선발하고 육성할 수 있다.

즉 어느 대학이든(전문대학) 건강하고 성실한 인물이면 차별하지 말고 전공을 무시하고(연구/자격 인력 제외) 채용하여 애정(존중과 배려)을 갖고 내 사람으로 키워라.

정부가 지원하는 "일·학습병행제"를 활용하여 맞춤 인재를 양성하자. (산업인력공단)

오히려 오기만 좀 살려주면 더 충성하고 더 열성적으로 업무에 몰입하며 회사를 떠나지 않는다. 너무 공부 잘하고 똑똑하면 위세가 있어 다루기 힘들고 회사 정착률이 아주 낮아 인재의 악순환과 비용의 낭비만 초래할 수 있다.

한 가지 더 중요한 것은 실력 없는 일가친척과 학교 선후배의 인정상 채용인데, 능력도 없으면서 친족이라고 동문이라고 위세 부리고 이권에 개입하고, 미안하지만 회사가 어려움에 처하면 정리 1순위가 된다.

▶여기서 잠시 정동일 교수(『사람을 남겨라』에서)의 동기부여 사례를 들어보자.

15년 이상 직장생활을 한 분들께 "당신은 상사의 어떤 행동을 보고 동기부여가 되었습니까?" 하고 묻자, 이렇게 답했다.

첫째, "당신은 잘할 거야! 내 도움이 필요하면 언제든 말해."

둘째, "이 일은 당신 덕에 가능했어! 잘했어!"

셋째, "힘들지? 쉬어가면서 해! 아이들은 잘 크고 있지?"

넷째, "내가 책임질 테니 열심히 해봐!"

다섯째, "당신은 이런 장점이 있는 것 같아. 이 업무 한번 해보겠나?"

사장은 자신만이 유식한 리더가 되어서는 곤란하다. 사장은 온갖 교육, 세미나, 전시회를 모두 다니며 높고 넓은 지식과 경험을 쌓아도 직원의 수준이 낮으면 경영관리 상 호흡이 맞지 않아 잔소리만 늘고 서로 스트레스만 깊어간다.

물이 고이면 썩는다. 임직원이 항상 깨어 있고 그리고 재미있도록 이벤트(자극)를 실시하되[운동(게임·등산)/문화예술/순환근무(협업)/해외(탐색)여행 등] 성과가 부진하면 재기(교육)의 기회를 주고 그래도 어려우면 걸러내는 아픔도 감수해야 한다.

5. 경영을 투명하고 공정하게 하며 그 정보와 성과를 임직원과 공유하자

경영정보를 공개, 공유한다는 것은 오해하기 쉬운데 세무회계 정보를 공유한다는 뜻이 아니고 관리회계 차원에서 매출/수금 정보와 생산정보, 품질정보, 목표자재비 및 원가정보 등을 목표관리 차원에서 공유하자는 것이며 계획과 실행의 차이를 분석, 평가하여 목표달성 여부를 확인, 반성하고 또한 공정한 평가를 통하여 인사관리에 반영하자는 것이다.

이렇게 사내의 경영정보를 공유해 가면 임직원들에게 신뢰가 생기고 사기를 높일 수 있다. 또한 전체 경영관리 차원에서 부문별 협조내지 지원 사항이나 개선사항들이 무엇인지 확인할 수 있고 더욱이 임직원들이 계수 관리에 능해지며 베스트 실행을 학습하게 되어 모두 우수한 경영 관리자가 되니 자부심을 갖게 되고 회사에 크게 기여하게 된다.

6. 플라톤이 말하는 행복의 조건

1) 먹고 입고 살고 싶은 수준에서 조금 부족한 듯 한 재산

2) 모든 사람이 칭찬하기에 약간 부족한 용모

3) 자신이 자만하고 있는 것에서 사람들이 절반 정도밖에 알아주지 않는 명예

4) 겨루어서 한 사람에게 이기고 두 사람에게 질 정도의 체력

5) 연설을 듣고서 청중의 절반은 손뼉을 치지 않는 말솜씨

플라톤이 생각하는 행복의 조건들은 완벽하고 만족하는 것, 결국 도달하고 완수하는 것만은 아닙니다.

지금보다 더 나아가기 위해 노력하는 하루하루, 서로의 부족한 부분들을 채워주며 함께하는 삶이야말로 진정한 행복이라고 생각한 것입니다.

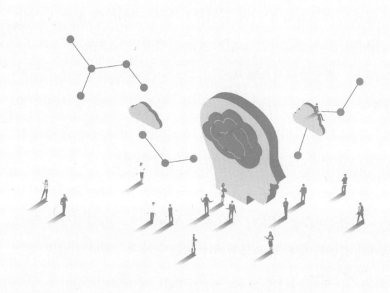

　필자의 경험담을 끝까지 읽어주신 독자 여러분께 깊은 감사를 드립니다. 느끼셨겠지만 도산기업을 회생시킨 KFS (Key Factor for Success)는 경영관리시스템 즉 Plan-Do-See(Check)-Action에 입각한 자율적 MBO (Management By Objective)였으며, MBO를 성공시킨 요인은 CEO의 강력한 리더십과 인재의 발굴 및 육성을 통한 전략 (Strategy)및 전술 (Tactics)의 共有였다고 생각합니다.

　혹자는 Analog 산업사회의 성공 Model이 4차 산업사회 에서 도 통하겠는가 할지도 모르겠으나 오늘날 세계 100대 기업의 상위 Group에 포진한 Apple, Google, Microsoft, Amazon, Facebook, IBM, Alibaba 등도 하나같이 회사로서의 기본체계의 정립과 시스템경영 기반위에 성공한 경우로서 그 성공의 배경에는 자율경영 시스템 속 에서 우수한 인재들이 자유로운 발상과 기상천외한 아이디어를 발 굴해 내고 이를 포용해 주는 열린 기업문화와 전략이 있었기 때문이 라고 감히 말씀드릴 수 있습니다.

　우리도 이제 초 연결시대 그리고 초 융합시대인 4차 산업혁명의 초입에서 기업이 생존하고 발전하려면 지금 한참 대두되고 활발하게 적용되고 있는 AI(인공지능)와 증강현실기술을 비롯하여 사물인 터넷, 핀테크, 빅데이터, 블록체인, 3D프린팅 등 기술에 참여하고 개발하고 적용해야 할 절박한 시기임을 명심해야 할 것입니다

홈쇼핑이 골목상권을 잠식하고 스크린골프가 골프장을 대신하고, 자판기가 건강과 미용 그리고 식료품을 제공하고 금융과 세무회계가 자동화되며 원하면 무엇이든 배달되고 공유되는 시대입니다.

이에 결론은 Digital입니다. Digital세계의 무궁무진한 가능성에 도전해 보시기 바랍니다. 감사합니다.

참고문헌

1. 매일경제 MBA+더 비즈타임스

2. 사장의 일=하마구치 -다카노리-

3. 영업력 향상의 원칙 -송용준-

4. 차트로 보는 경영계획 -갑진출판사-

5. 원가구조 분석을 통한 혁신전략 -전략기술연구원-

6. 전략경영 에센스 -(주)휴넷-

7. 의미 있게 산다는 것 -위즈덤 하우스-

8. 시련은 있어도 실패는 없다 -정주영 지음-

9. 스펜서 존슨의 선택 -청림출판-

10. 사업계획서 작성 AtoZ -(주)휴넷-

11. 디지털 혁명의 미래 -청림출판-

12. HUNET 프라임 & 행복한 경영

13. 사물 인터넷 -매일경제신문사-

14. 인사고과 이렇게 실시하라 -한국생산성본부-

15. 22가지 관리함정 -킴스 컨설팅-

16. 실용 예산관리입문 -일본 실업출판사-

17. 이벤트 천재를 만드는 33가지 비밀 -다산북스-

18. 체크! 체크리스트 -21세기북스-

19. 가치창조 경영 -더난출판사-

도산회사 살리기

20. 마케팅전략의 실제 –일본경제신문-

21. 기업진단과 경영혁신기법 –새로운 제안-

22. 중소기업 컨설팅기본모델 –한국경영·기술컨설턴트협회-

23. 목표관리 –오즈컨설팅-

24. VA.VE에 의한 원가절감 –한국생산성본부-

25. 끌리는 상품은 기획부터 다르다 –더난출판-

26. 알기 쉬운 생산성분석방법 –한국생산성본부-

27. 혁신의 비밀 –KMAC-

28. 위기관리의 경영 –한국능률협회-

29. 알기 쉬운 어음·수표 100% 활용법 –더난출판사-

30. 방침관리 –한국공업표준협회-

31. 성공하는 기업의 혁신노트 –바다출판사-

32. 어디선가 돈이 새고 있어요 –도서출판갈매나무-

33. 프로세스 이노베이션 -21세기북스-

34. 창업전략 –갑진출판사-

35. 실행하기 쉬운 6시그마 기법 –한국능률협회-

36. 성과로 말하는 핵심인재 하이퍼포머 –류랑도 지음-

37. 소셜미디어 마케팅의 비밀 –㈜멘토르출판사-

38. 영업부문의 QC추진 방법 –한국공업표준협회-

39. 공장경영을 위한 체크리스트 –일간공업신문사-

40. 창업세무 –세경자료사-

41. 실용 예산관리입문 –일본 실업출판사-

42. 재무제표 흐름 읽는 법 –비지니스북스-

43. 기타

기업 회생의 아티스트 박원영의
도산 회사를 건전한 기업 생태계로
돌려보낸 생생한 체험담

－ 권선복(도서출판 행복에너지 대표이사)

사람의 몸에 시급한 문제가 생기면 병원에 갑니다. 회사가 도산하면 어디로 갈까요? 우리는 대체로 '공중분해'라는 극단적 단어를 뉴스에서 듣거나, 파산이라는 절망적인 결과를 접하기도 합니다.

박원영 저자는 바로 이 절망을 희망으로 바꾸는 사람입니다. 사람은 한번 죽으면 곧바로 장례식을 치르고 추억 속으로 사라지지만, 회사는 다릅니다. 도산한 회사가 누구의 손에 맡겨지느냐에 따라 아예 기억 저편의 기업으로 남거나, 아니면 완벽하게 리모델링되어 새로운 경쟁력을 갖춘 회사로 재탄생하기도 합니다. 요즘은 못 쓰게 된 폐기물들을 가지고도 아름다운 예술작품으로 재탄생시키는 예술가들이 많다죠? 이런 점에서 박원영 저자는 기업 회생 아티스트입니다. 그의 손끝에 도산회사가 닿으면 예술 같은 새로운 기업으로 변화합니다.

기업이 망하면, 왜 망했는지 치열한 분석을 해야 합니다. 그런데 인사(人事)가 만사(萬事)라는 말이 있듯 기업 분석 작업도 사람이 먼저입니다. 그래서 이 책의 제1장은 '친교와 사내 현황 파악의 시간'

으로 시작합니다. 더불어 잔존 자산을 파악하고 회사의 외부적 상황과 내부적 시스템을 점검하는 그의 손길은 마치 위급한 환자를 대하는 외과의사의 손길만큼이나 신속하고 정확합니다.

정말 훌륭한 의사는 환자의 외적 상처 이외에 내부적 문제점 내지 정신적 건강까지도 함께 고려해 치료를 한다죠? 기업 회생의 전문가 역시 마찬가지가 아닌가 싶습니다. 도산 회사를 살려내는 박원영 저자의 장점이 돋보이는 지점이 바로 그것입니다. 회계장부에는 보이지 않지만 여전히 남아 있는 도산 회사의 네트워크까지도 충실히 활용하는 모습, 이를 저자는 '협력회사 등 가치사슬의 건전성'이라고 표현하고 있으며 매우 강조하고 있습니다. 그의 기업 회생 작업이 단순히 장부 차원의 계산이나 기업 경영 기법 차원을 뛰어 넘어, 기업 생태계 구조의 고려 차원에까지 승화된 것임을 알게 됩니다.

이 책에는 IMF 당시 부산에서 부도가 난 기업을 성공적으로 회생시킨 저자의 경험과, 기업에 대한 가치관이 온전히 담겨 있습니다. 도산회사의 회생 업무를 담당하면서 진행한 경영 구조적 진단, 회계 관리, 인재 관리, 자금 융통 방법, 그리고 회생 후 다시는 이와 같은 같은 악순환이 반복되지 않기 위한 대책 등이 일목요연하게 정리되어 있어 일선 경영자들에게 귀감이 되리라고 봅니다.

2018년 6월까지만 해도 부도법인이 수천 개입니다. 분기별, 연도별 부도법인의 숫자는 생각하기에도 끔찍합니다. 그래도 살아날 방법은 있습니다. 절망이 횡행하는 시대에 다시금 희망을 꿈꾸는 기업인들에게, 혹은 위험을 감지하고 대비하길 원하시는 기업인들에게 이 책을 적극 추천해드립니다. 독자분들의 앞날에 행복이 가득하시길 기원합니다.

알파고 동의보감

박은서 지음 | 값 25,000원

이 책 『알파고 동의보감』은 『동의보감』이 담고 있는 소중한 지식을 변화하는 현대사회
의 키워드, 4차 산업혁명과 접목시켜 읽기 편하면서도 흥미진진하게 독자들에게 제시
한다. 인체를 이해하는 컨트롤타워 '딥마인드'와도 같은 '정기신' 및 자연의 흐름을 통
해 무병장수의 비결을 배워나가는 '인공지능'인 '양생' 등의 파트는 『동의보감』의 본질
을 잃지 않으면서도 현대인의 감성에 맞는 눈높이에서 우리 조상들이 남겨 준 지혜를
펼쳐 보여줄 것이다.

펭귄 날다 - 미투에서 평등까지

송문희 지음 | 값 15,000원

전 세계를 휩쓸고 있는 미투 운동. 이제 우리나라도 예외가 아니다. 하루가 멀다 하고
밝혀지는 성추문과 스캔들. 그동안 묵인되어 왔던 성차별이 속속들이 온오프라인을 뒤
덮으며 '여성들의 목소리'가 마침내 수면 위로 떠올랐다. 이 책을 통해 저자는 사회 곳
곳에 만연했지만 우리가 애써 무시하던 문제를 속속들이 파헤친다. 그리고 미투 운동이
나아가야 할 방향을 제시하며 미투 운동에 긍정의 지지를 보낸다. 날카롭고도 경쾌한
필치의 글을 읽다보면 당신도 페미니즘을 이해하게 될 것이다.

죽기 전에 내 책 쓰기

김도운 지음 | 값 15,000원

언론인 출신의 저자는 수도 없이 많은 글을 쓰던 중 자신의 책을 발행하고 싶다는 생
각을 갖고 2008년 어렵사리 첫 책을 낸 후 지금까지 꽤 여러 권의 책을 발행했다. 그
러다보니 자연스럽게 축적된 노하우를 대중에게 공유해야겠다는 생각으로 이 책을 집
필했다. 이 책 속 실용적인 노하우를 통해 독자들은 책을 써야 하는 이유, 자료를 수집
하는 방법, 자료를 정리하는 방법, 집필하는 방법, 출판사와 계약하는 방법, 마케팅하
는 방법 등을 알 수 있을 것이다.

공무원 탐구생활

김광우 지음 | 값 15,000원

『공무원 탐구생활』은 '공무원'에 대해 속속들이 들여다본 책으로, 다양한 시각으로 공
무원에 대해 분석하고 있다. 특히 '공무원은 결코 좋은 직업이 아니다'라며 기본적으
로 비판적인 시각을 가지고 분석한다는 걸 특이점으로 꼽을 수 있다. 이미 공직에 몸
담은 공무원뿐만 아니라, 공무원을 준비하고 있는 이들에게도 앞으로의 진로 설정 방
향과 공무원에 대한 현실을 세세히 알려준다. 30년이 넘는 시간 동안 공직생활을 통
해 쌓아 온 저자의 경험이 밑바탕이 되어 독자들에게 강한 신뢰감을 준다.

힘들어도 괜찮아

김원길 지음 | 값 15,000원

(주)바이네르 김원길 대표의 저서 『힘들어도 괜찮아』는 중졸 학력으로 오로지 구두 기술자가 되기 위해 혈혈단신 서울행에 오른 후 인생의 영광과 실패를 끊임없이 경험하며 국내 최고의 컴포트슈즈 명가, (주)바이네르를 일궈낸 그의 인생역정을 담고 있다. 이러한 인생역정을 통해 김원길 대표가 강조하는 그만의 인생철학, 경영철학 역시 많은 사람들에게 귀감이 될 것이며 존경받는 기업인이라는 것이 무엇인지 보여준다고 할 것이다.

성공하는 귀농인보다 행복한 귀농인이 되자

김완수 지음 | 값 15,000원

『성공하는 귀농인보다 행복한 귀농인이 되자』는 귀농 · 귀촌을 꿈꿔 본 사람들부터 진짜 귀농 · 귀촌을 준비해서 이제 막 시작 단계에 들어선 분들, 또는 이미 귀농 · 귀촌을 하는 분들까지 모두 아울러 도움을 줄 수 있는 책이다. 농촌지도직 공무원으로 오랫동안 근무하고 퇴직 후에 농촌진흥청 강소농전문위원으로 활동하고 있어서 현장 경험이 풍부한 저자의 전문성이 이 책에 고스란히 녹아 있다고 하겠다

아홉산 정원

김미희 지음 | 값 20,000원

이 책 『아홉산 정원』은 금정산 고당봉이 한눈에 보이는 아홉산 기슭의 녹유당에 거처하며 아홉 개의 작은 정원을 벗 삼아 자연 속 삶을 누리고 있는 김미희 저자의 정원 이야기 그 두 번째이다. 이 책을 통해 독자들은 '꽃 한 송이, 벌레 한 마리에도 우주가 있다'는 선현들의 가르침에 접근함과 동시에 동양철학, 진화생물학, 천체물리학, 문화인류학 등을 아우르는 인문학적 사유의 즐거움을 한 번에 누릴 수 있을 것이다.

진짜 엄마 준비

정선애 지음 | 값 15,000원

진짜 엄마가 되기 위해선 무엇을 준비해야 할까? 아이를 낳기 전 태교부터 아이를 낳고 난 후의 육아까지, 엄마들의 길은 멀고 험난하기만 하다. 여기 직접 달콤하고도 쓰린 '육아의 길'을 몸소 체득한 한 엄마의 고백과도 같은 육아 일기가 있다. 저자는 아이를 위한 길과 엄마를 위한 길 둘 다 놓쳐서는 안 된다고 이야기하며, 어떻게 하면 아이와 엄마 모두가 윈윈 할 수 있는지 친절하고 따뜻한 문체로 풀어낸다. 예비 엄마들을 위한 훌륭한 육아 계발서.

하루 5분 나를 바꾸는 긍정훈련

행복에너지

'긍정훈련'당신의 삶을
행복으로 인도할
최고의, 최후의'멘토'

'행복에너지
권선복 대표이사'가 전하는
행복과 긍정의 에너지,
그 삶의 이야기!

인터파크
자기계발 분야 주간
베스트 1위

권선복 지음 | 15,000원

권선복

도서출판 행복에너지 대표
지에스데이타(주) 대표이사
대통령직속 지역발전위원회
문화복지 전문위원
새마을문고 서울시 강서구 회장
전 팔팔컴퓨터 전산학원장
전 강서구의회(도시건설위원장)
아주대학교 공공정책대학원 졸업
충남 논산 출생

책『하루 5분, 나를 바꾸는 긍정훈련 - 행복에너지』는 '긍정훈련' 과정을 통해 삶을 업그레이드하고 행복을 찾아 나설 것을 독자에게 독려한다.

긍정훈련 과정은 [예행연습] [워밍업] [실전] [강화] [숨고르기] [마무리] 등 총 6단계로 나뉘어 각 단계별 사례를 바탕으로 독자 스스로가 느끼고 배운 것을 직접 실천할수있게하는 데 그 목적을 두고 있다.

그동안 우리가 숱하게 '긍정하는 방법'에 대해 배워왔으면서도 정작 삶에 적용시키지 못했던 것은, 머리로만 이해하고 실천으로는 옮기지않았기 때문이다. 이제 삶을 행복하고 아름답게 가꿀 긍정과의 여정, 그 시작을 책과 함께해 보자.

『하루 5분, 나를 바꾸는 긍정훈련 - 행복에너지』